Die Preußischen Besoldungsgesetze

vom 17. Dezember 1920

Herausgegeben und erläutert von

Dr. Hermann Erythropel

Ministerialrat im Preußischen Finanzministerium,
Geheimen Oberfinanzrat

6. Ergänzungsheft:

Die Änderungen ab 1. Juli und 1. August 1922.

(Vom Preußischen Staatsministerium in Übereinstimmung mit dem ständigen Ausschuß des Landtags erlassene Verordnung vom 28. Juli 1922).

1922

Verlag von H. W. Müller

Berlin SW. 68

Schützenstr. 29/30.

Druck von Dr. F. P. Datterer & Cie., Freising-München.

Inhaltsübersicht.

Verordnung
über eine Erhöhung der Ausgleichszuschläge.

Vorbemerkungen.

I. 1. Die vom Preußischen Staatsministerium am 28. Juli 1922 auf Grund des Artikels 55 der Verfassung des Freistaats Preußen vom 30. November 1920 in Übereinstimmung mit dem im Artikel 26 der Verfassung vorgesehenen Ständigen Ausschuß des Landtags erlassene Verordnung mit Gesetzeskraft*) beschränkt sich, um der seit Erlaß des Gesetzes vom 20. Juli 1922 über eine Erhöhung der Beamtenbezüge (abgedruckt im 5. Ergänzungsheft zu den „Preußischen Besoldungsgesetzen") stetig gewachsenen Teuerung gerecht zu werden, in enger Anlehnung an die Regelung des Reichs auf eine weitere Erhöhung des Ausgleichszuschlagssatzes, und zwar:

a) mit Wirkung vom 1. Juli 1922 an auf 160 v. H. und

b) mit Wirkung vom 1. August 1922 an auf 185 v. H.

Der Sonder- (Kopf-) Zuschlag von 55 v. H. auf die ersten 10 000 ℳ des Diensteinkommens ist unverändert geblieben.

Wiederum erhöht sich dadurch (vgl. Vorbemerkung I 1 Abs. 2 zum Gesetz vom 20. Juli 1922) auch der Höchstanrechnungsbetrag für Dienstwohnungen, so daß die Höchstgrenze des für eine Dienstwohnung anzurechnenden Betrages vom 1. Juli und 1. August 1922 an beträgt:

a) ohne Ausgleichszuschlag (Grundbetrag),

b) einschließlich des Ausgleichszuschlags von 160 v. H. — der weitere Ausgleichszuschlag — Sonderzuschlag — von 5 500 ℳ jährlich und die Frauenbeihilfe bleiben für die Berechnung der Höchstsätze der Bezüge, die den Beamten und Volksschullehrpersonen für die Zuweisung einer Dienstwohnung angerechnet werden, außer Betracht — (vom 1. Juli 1922 an):

c) einschließlich des Ausgleichszuschlags von 185 v. H. wie vor — (vom 1. August 1922 an):

---

*) In der Gesetzsammlung noch nicht veröffentlicht.

Für Beamte der Besoldungsgruppe		in den Orten der Ortsklasse A ℳ	A ₰	B ℳ	B ₰	C ℳ	C ₰	D ℳ	D ₰	E ℳ	E ₰
1	a	1200	—	900	—	750	—	600	—	450	—
	b	3120	—	2340	—	1950	—	1560	—	1170	—
	c	3420	—	2565	—	2137	50	1710	—	1282	50
2	a	1440	—	1080	—	900	—	720	—	540	—
	b	3744	—	2808	—	2340	—	1872	—	1404	—
	c	4104	—	3078	—	2565	—	2052	—	1539	—
3 und 4	a	1680	—	1260	—	1050	—	840	—	630	—
	b	4368	—	3276	—	2730	—	2184	—	1638	—
	c	4788	—	3591	—	2992	50	2394	—	1795	50
5	a	1920	—	1440	—	1200	—	960	—	720	—
	b	4992	—	3744	—	3120	—	2496	—	1872	—
	c	5472	—	4104	—	3420	—	2736	—	2052	—
6	a	2560	—	1920	—	1600	—	1280	—	960	—
	b	6656	—	4992	—	4160	—	3328	—	2496	—
	c	7296	—	5472	—	4560	—	3648	—	2736	—
7 bis 9	a	2880	—	2160	—	1800	—	1440	—	1080	—
	b	7488	—	5616	—	4680	—	3744	—	2808	—
	c	8208	—	6156	—	5130	—	4104	—	3078	—
10 bis 13 und Einzelgehälter	a	4000	—	3000	—	2500	—	2000	—	1500	—
	b	10400	—	7800	—	6500	—	5200	—	3900	—
	c	11400	—	8550	—	7125	—	5700	—	4275	—

Die Entschädigung für die Entnahme von Heizstoffen aus den Vorräten der Behörde (Runderlaß des Preuß. Finanzministers vom 13. Oktober 1920 — I. 24660 —) ist zu berechnen:

a) **für den Monat Juli 1922 nach dem Jahressatze von**

Besoldungsgruppe	in Orten der Ortsklasse A ℳ	B ℳ	C ℳ	D ℳ	E ℳ
1	1785,—	1694,—	1648,50	1603,—	1557,50
2	2062,55	1953,35	1898,75	1844,15	1789,55
3	2294,60	2167,20	2103,50	2039,80	1976,10
4	2408,35	2280,95	2217,25	2153,55	2089,85

b) **vom 1. August 1922 an nach dem Jahressatze von:**

Besoldungsgruppe	A ℳ	B ℳ	C ℳ	D ℳ	E ℳ
1	1938,13	1838,38	1788,50	1738,63	1688,75
2	2242,36	2122,66	2062,81	2002,96	1943,11
3	2496,73	2357,08	2287,25	2217,43	2147,60
4	2621,41	2481,76	2411,94	2342,11	2272,29

Ebenso erhöht sich der Versorgungszuschlag der Ruhegehaltsempfänger, Wartegeldempfänger und Witwen (vgl. Vorbemerkungen I 1 Abs. 4 zum Gesetz vom 22. Juli 1922).

II. Ausführungsbestimmungen sind vom Finanzminister zugleich im Namen des Ministerpräsidenten und sämtlicher Staatsminister in Form einer Verfügung vom 28. Juli 1922 zu der Verordnung über eine Erhöhung der Ausgleichszuschläge — Bes. 2630 I D 1. 4025 — erlassen worden. (Anhang S. 7 ff.).

III. Nach §§ 12, 24 und 27 VDG., in der Fassung des Gesetzes vom 13. April 1922 (GS. 99), §§ 6 und 10 MDG. und §§ 5, 10, 11 GDG. erhöhen sich in derselben Weise wie bei den Staatsbeamten auch die Diensteinkommensbezüge, die Höchstanrechnungsbeträge für Dienstwohnungen und die Versorgungsgebührnisse der Ruhegehaltsempfänger und Hinterbliebenen bei den Lehrpersonen an Volksschulen, Mittelschulen und Pflichtfortbildungsschulen.

Das Staatsministerium hat auf Grund des Art. 55 der Verfassung des Freistaates Preußen vom 30. November 1920 in Übereinstimmung mit dem in Art. 26 der Verfassung vorgesehenen Ständigen Ausschuß des Landtages folgende Verordnung mit Gesetzeskraft erlassen:

Einziger Paragraph.

Das Gesetz über das Diensteinkommen der unmittelbaren Staatsbeamten (Beamten-Diensteinkommensgesetz) vom 17. Dezember 1920 (Gesetzsamml. 1921 S. 135) in der Fassung des Gesetzes über eine Erhöhung der Beamtenbezüge vom 20. Juli 1922 (in der Gesetzsammlung noch nicht veröffentlicht) wird wie folgt geändert:

In § 18 erhält Abs. 2 folgende Fassung:

„Der Ausgleichszuschlag wird bis zur anderweiten Festsetzung durch den Staatshaushaltsplan oder durch besonderes Gesetz für alle im Abs. 1 genannten Bezüge gleichmäßig mit Wirkung vom 1. Juli 1922 ab auf 160 v. H. und mit Wirkung vom 1. August 1922 ab auf 185 v. H. festgesetzt.“

Anhang.

I. Ministerialerlasse.

Verfügung des Finanzministers zugleich im Namen des Ministerpräsidenten und sämtlicher Staatsminister zu der Verordnung über eine Erhöhung der Ausgleichszuschläge.

Vom 28. Juli 1922 — Bes. 2630. I. D. 1. 4025 —.

Das Staatsministerium hat am 28. Juli 1922 auf Grund des Art. 55 der Verfassung des Freistaates Preußen vom 30. November 1920 in Übereinstimmung mit dem im Art. 26 der Verfassung vorgesehenen Ständigen Ausschuß des Landtags folgende Verordnung mit Gesetzeskraft erlassen:

Einziger Paragraph. Das Gesetz über das Diensteinkommen der unmittelbaren Staatsbeamten (Beamtendiensteinkommensgesetz) vom 17. Dezember 1920 (GS. 1921 S. 135) in der Fassung des Gesetzes über eine Erhöhung der Beamtenbezüge vom 20. Juli 1922 (in der Gesetzsammlung noch nicht veröffentlicht) wird wie folgt geändert:

Im § 18 erhält Abs. 2 folgende Fassung:

„Der Ausgleichszuschlag wird bis zur anderweitigen Festsetzung durch den Staatshaushaltsplan oder durch besonderes Gesetz für alle im Abs. 1 genannten Bezüge gleichmäßig mit Wirkung vom 1. Juli 1922 ab auf 160 v. H. und mit Wirkung vom 1. August 1922 ab auf 185 v. H. festgesetzt."

II. Hiernach wird lediglich der allgemeine Ausgleichszuschlag auf Grundgehalt, Grundvergütung und Ortszuschlag einheitlich für den Monat Juli 1922 auf 160 v. H. und vom 1. August 1922 ab bis auf weiteres auf 185 v. H. erhöht.

Der Sonderzuschlag für die ersten 10000 ℳ im Betrage von 5500 ℳ bleibt wie bisher bestehen.

Die Sätze für Kinderbeihilfen und Frauenbeihilfen bleiben an sich unberührt. Die Kinderbeihilfen betragen einschließlich Ausgleichszuschlag

für Kinder bis zum vollendeten 6. Lebensjahre:

ab 1. Juli 1922: 6240 ℳ jährl. (Mehrbetrag für Juli 110 ℳ),

ab 1. August 1922: 6840 ℳ jährl. (Mehrbetrag für August und September je 160 ℳ),

für Kinder vom 6. bis zum vollendeten 14. Lebensjahre:
ab 1. Juli 1922: 7800 ℳ jährl. (Mehrbetrag für Juli 137,50 ℳ),
ab 1. August 1922: 8550 ℳ jährl. (Mehrbetrag für August und September je 200 ℳ),

für Kinder vom 14. bis zum vollendeten 21. Lebensjahre:
ab 1. Juli 1922: 9360 ℳ jährl. (Mehrbetrag für Juli 165 ℳ),
ab 1. August 1922: 10260 ℳ jährl. (Mehrbetrag für August und September je 240 ℳ).

Die vorstehend mitgeteilten Erhöhungen der Ausgleichszuschläge gelten auch für diejenigen Lehrpersonen, deren Bezüge durch das Volksschullehrerdiensteinkommensgesetz, Mittelschullehrerdiensteinkommensgesetz, Berufsschullehrerdiensteinkommensgesetz oder das Gesetz über das Diensteinkommen der Leiter und Lehrer an nichtstaatlichen Lehranstalten geregelt sind.

III. Die Mehrbeträge sind, soweit sie bereits fällig sind, alsbald, im übrigen an den sonst festgesetzten Fälligkeitstagen, zu zahlem oder bargeldlos zu überweisen.

Zur geschäftlichen Erleichterung werden nachstehend Tafeln für die Berechnung der neuen Ausgleichszuschläge und des Diensteinkommens der Stellenanwärter mitgeteilt.*)

IV. Wegen der Beamten im Vorbereitungsdienst und der zur Probedienstleistung einberufenen Militäranwärter ergeht besondere Weisung.

V. Durch die Änderung des Ausgleichszuschlagssatzes der aktiven Beamten ändert sich mit Wirkung vom 1. Juli 1922 und vom 1. August 1922 ab nach § 23 BDEG. auch der Versorgungszuschlag sämtlicher Ruhegehaltsempfänger, Wartegeldempfänger und Hinterbliebenen sowie die Höhe der ihnen gewährten Kinderbeihilfen. Die Versorgungsbezüge sind unter Benutzung der neuen Vordrucke für Ruhegehaltsempfänger, Wartegeldempfänger und Hinterbliebene — B. 6 VI, B. 6 VI. W. und B. 7 VI —, von deren Abdruck und Ausfüllung mit Probebeispielen diesmal abgesehen ist, mit größter Beschleunigung in allen Verwaltungen umzurechnen.

Die Vorschriften des Abschnitts IV der Ausführungsanweisung vom 11. Mai 1922 — Bes. 1682 — gelten entsprechend.

Zur geschäftlichen Erleichterung werden nachstehend Tafeln*) für die Berechnung der neuen Versorgungszuschläge in den am häufigsten vorkommenden Fällen mitgeteilt.

VI. Zur Benachrichtigung der Empfänger über die anderweite Festsetzung der Dienstbezüge und Versorgungsgebührnisse sind Vordrucke nach folgenden Mustern zu verwenden, die von den einzelnen Behörden selbst zu beschaffen sind:

a) Der Jahresbetrag Ihrer Dienstbezüge ist, wie umstehend angegeben, anderweit festgesetzt worden.

Die Bestimmungen über die Gewährung, die Kürzung oder den Wegfall der Kinderbeihilfe und Frauenbeihilfe sind unverändert geblieben.

---

*) Hier nicht mit abgedruckt.

Herrn ....

in ....

Auf dem Dienstwege.

Gegenstand	Für Juli 1922 M	Für Juli 1922 ₰	Vom 1. Aug. 1922 ab M	Vom 1. Aug. 1922 ab ₰
1. Grundgehalt — Grundvergütung . . .				
2. Ortszuschlag				
3. Ausgleichszuschlag zum Grundgehalt und Ortszuschlag				
4. Kinderbeihilfe				
5. Ausgleichszuschlag zur Kinderbeihilfe . .				
6. Frauenbeihilfe				
7. Wirtschaftsbeihilfe				
Zusammen . . .				

b) Die staatliche Kasse, der Sie bisher zugeteilt waren, ist angewiesen, Ihnen an Stelle der bisherigen Versorgungsgebührnisse jährlich zu zahlen:

Versorgungsgebührnisse	Für Juli 1922 M	Für Juli 1922 ₰	Vom 1. Aug. 1922 ab M	Vom 1. Aug. 1922 ab ₰
1. Ruhegehalt				
2. Versorgungszuschlag				
3. Frauenbeihilfe				
4. Kinderbeihilfen samt Ausgleichszuschlag .				
Zusammen				

Die Grundsätze für die Gewährung, Kürzung oder den Wegfall des Ruhegehalts, der Frauenbeihilfe und der Kinderbeihilfe sind unverändert geblieben.

c) Die staatliche Kasse, der Sie bisher zugeteilt waren, ist angewiesen, Ihnen an Stelle der bisherigen Versorgungsgebührnisse jährlich zu zahlen:

Versorgungsgebührnisse	Für Juli 1922		Vom 1. Aug. 1922 ab	
	ℳ	₰	ℳ	₰
1. Witwengeld				
2. Waisengeld				
3. Versorgungszuschlag				
4. Kinderbeihilfen samt Ausgleichszuschlag .				
Zusammen . . .				

Die Grundsätze für die Gewährung, Kürzung oder den Wegfall der Kinderbeihilfen sind unverändert geblieben.

Zur Benachrichtigung der Beamten und Volksschullehrpersonen sind Vordrucke von 1/8 Bogengröße zu verwenden, die den Empfängern auf dem Dienstwege (durch Vermittlung des nächsten Dienstvorgesetzten) zuzustellen sind. Für die Benachrichtigung der Ruhegehaltsempfänger und Hinterbliebenen sind — schon um Porto zu sparen — nur Postkarten zu verwenden.

VII. Zur Linderung der Notlage der Ruhegehaltsempfänger, Wartegeldempfänger und Hinterbliebenen ist diesen von den die Bezüge zahlenden Kassen ohne besondere Anweisung sofort im Postscheckwege ein einmaliger Vorschuß auf die vom 1. Juli und 1. August ab bewilligten Erhöhungen zu zahlen

Dieser wird nach dem ruhegehaltsfähigen Diensteinkommen (Grundgehalt oder Grundvergütung und Ortszuschlagsdurchschnitt) bemessen und beträgt

bei einem ruhegehaltsfähigen Diensteinkommen bis zu ℳ	für Ruhegehalts und Wartegeldempfänger ℳ	für Witwen ℳ
20 000	1 350	850
30 000	1 800	1 100
40 000	2 600	1 650
über 40 000	3 500	2 250

Die Kassen haben auf Grund der bei ihnen ruhenden Anweisungen das seit dem 1. April 1922 zugrunde gelegte ruhegehaltsfähige Diensteinkommen festzustellen und hiernach den Vorschuß zu bemessen. In Fällen, in denen ausnahmsweise die Anweisung B 6 III, B 6 III W, B 7 III, A II oder B II über die ab 1. April 1922 zahlbaren Bezüge noch nicht vorliegt, hat die Kasse auf Grund der älteren Anweisungen das vom 1. April 1922 ab zugrunde zu legende ruhegehaltsfähige Diensteinkommen, das aus den Formularen B 6 III (bzw. B 6 I) ohne weiteres abzulesen ist, selbständig festzustellen.

Eine besondere Benachrichtigung der Versorgungsberechtigten über die Überweisung des Vorschusses hat zu unterbleiben; auf dem Postabschnitt ist zu vermerken „Vorschuß auf die Erhöhungen des Versorgungszuschlages ab 1. Juli und 1. August".

Eine Anrechnung des hiernach zu zahlenden Vorschusses hat solange zu unterbleiben, bis die Anweisung der vom 1. Juli und 1. August 1922 ab zahlbaren Erhöhungen (B 6 VI, B 6 VI W und B 7 VI) eingeht. Bei deren Zahlung ist er auf einmal in voller Höhe anzurechnen.

Durch die Zahlung der Vorschüsse darf die endgültige Anweisung der erhöhten Gebührnisse auf keinen Fall irgendeine Verzögerung erleiden.

Zugleich im Namen des Ministerpräsidenten und sämtlicher Staatsminister.

Der Finanzminister.

J. A.: Schultz.

II. Tafeln
über den vom 1. Juli und 1. August 1922 an geltenden Versorgungszuschlag zum Ruhegehalt und zum Witwengeld.

(Aufgestellt von Oberfinanzrat Euteneuer, Preuß. Finanzministerium.)

Für Ruhegehaltsempfänger: volle Dienstjahre	Jahresbetrag des Versorgungszuschlags zum Ruhegehalt und zum Witwengeld bei einem Ausgleichszuschlag von 160 v. H. (für Juli 1922) und von 185 v. H. (vom 1. August 1922 an) vom ruhegehaltsfähigen Diensteinkommen unter Berücksichtigung des Sonderzuschlags von 5500 ℳ und einem Grundgehalt von ℳ															
	11 000				11 700				12 400				13 000			
	für Juli 1922		v. 1. August 1922 an		für Juli 1922		v. 1. August 1922 an		für Juli 1922		v. 1. August 1922 an		für Juli 1922		v. 1. August 1922 an	
	ℳ	₰	ℳ	₰	ℳ	₰	ℳ	₰	ℳ	₰	ℳ	₰	ℳ	₰	ℳ	₰
10 = 20/60	13214	—	14849	—	13774	—	15496	50	14334	—	16144	—	14814	—	16699	—
11 = 21/60	13214	—	14849	—	13774	—	15496	50	14334	—	16144	—	14814	—	16699	—
12 = 22/60	13214	—	14849	—	13774	—	15496	50	14334	—	16144	—	14814	—	16699	—
13 = 23/60	13214	—	14849	—	13774	—	15496	50	14334	—	16144	—	14814	—	16699	—
14 = 24/60	13214	—	14849	—	13774	—	15496	50	14334	—	16144	—	14814	—	16699	—
15 = 25/60	13214	—	14849	—	13774	—	15496	50	14334	—	16144	—	14814	—	16699	—
16 = 26/60	13214	—	14849	—	13774	—	15496	50	14334	—	16144	—	14814	—	16699	—
17 = 27/60	13214	—	14849	—	13774	—	15496	50	14334	—	16144	—	14814	—	16699	—
18 = 28/60	13214	—	14849	—	13828	80	15496	50	14531	85	16221	60	15131	70	16891	20
19 = 29/60	13596	60	15177	60	14325	45	15991	20	15047	85	16797	60	15673	50	17496	—
20 = 30/60	14061	—	15696	—	14815	65	16538	40	15570	30	17380	80	16215	30	18100	80
21 = 31/60	14531	85	16221	60	15312	30	17092	80	16086	30	17956	80	16757	10	18705	60
22 = 32/60	15002	70	16747	20	15802	50	17640	—	16608	75	18540	—	17292	45	19303	20
23 = 33/60	15467	10	17265	60	16299	15	18194	40	17124	75	19116	—	17834	25	19908	—
24 = 34/60	15937	95	17791	20	16789	35	18741	60	17647	20	19699	20	18376	05	20512	80
25 = 35/60	16408	80	18316	80	17286	—	19296	—	18163	20	20275	20	18917	85	21117	60
26 = 36/60	16873	20	18835	20	17776	20	19843	20	18679	20	20851	20	19453	20	21715	20
27 = 37/60	17344	05	19360	80	18272	85	20397	60	19201	65	21434	40	19995	—	22320	—
28 = 38/60	17814	90	19886	40	18769	50	20952	—	19717	65	22010	40	20536	80	22924	80
29 = 39/60	18279	30	20404	80	19259	70	21499	20	20240	10	22593	60	21078	60	23529	60
30 = 40/60	18750	15	20930	40	19756	35	22053	60	20756	10	23169	60	21589	60	24103	60
31 = 81/120	18982	35	21189	60	20001	45	22327	20	21014	10	23457	60	21786	40	24331	15
32 = 82/120	19221	—	21456	—	20246	55	22600	80	21278	55	23752	80	21988	—	24564	25
33 = 83/120	19453	20	21715	20	20498	10	22881	60	21527	20	24031	45	22189	60	24797	35
34 = 84/120	19685	40	21974	40	20743	20	23155	20	21719	20	24253	45	22391	20	25030	45
35 = 85/120	19924	05	22240	80	20988	30	23428	80	21911	20	24475	45	22592	80	25263	55
36 = 86/120	20156	25	22500	—	21233	40	23702	40	22108	—	24703	—	22794	40	25496	65
37 = 87/120	20388	45	22759	20	21484	95	23983	20	22300	—	24925	—	22996	—	25729	75
38 = 88/120	20627	10	23025	60	21671	20	24197	95	22492	—	25147	—	23197	60	25962	85
39 = 89/120	20859	30	23284	80	21853	60	24408	85	22684	—	25369	—	23399	20	26195	95
40 = 90/120	21091	50	23544	—	22036	—	24619	75	22876	—	25591	—	23596	—	26423	50
Für Witwen	13214	—	14849	—	13774	—	15496	50	14334	—	16144	—	14814	—	16699	—

Für Ruhegehaltsempfänger: volle Dienstjahre	Jahresbetrag des Versorgungszuschlags zum Ruhegehalt und zum Witwengeld bei einem Ausgleichszuschlag von 160 v. H. (für Juli 1922) und von 185 v. H. (vom 1. August 1922 an) vom ruhegehaltsfähigen Diensteinkommen unter Berücksichtigung des Sonderzuschlags von 5500 ℳ und einem Grundgehalt von ℳ															
	13 500				13 600				14 100				14 200			
	für Juli 1922		v. 1. August 1922 an		für Juli 1922		v. 1. August 1922 an		für Juli 1922		v. 1. August 1922 an		für Juli 1922		v. 1. August 1922 an	
	ℳ	₰	ℳ	₰	ℳ	₰	ℳ	₰	ℳ	₰	ℳ	₰	ℳ	₰	ℳ	₰
10 = 20/60	15214	—	17161	50	15294	—	17254	—	15694	—	17716	50	15774	—	17809	—
11 = 21/60	15214	—	17161	50	15294	—	17254	—	15694	—	17716	50	15774	—	17809	—
12 = 22/60	15214	—	17161	50	15294	—	17254	—	15694	—	17716	50	15774	—	17809	—
13 = 23/60	15214	—	17161	50	15294	—	17254	—	15694	—	17716	50	15774	—	17809	—
14 = 24/60	15214	—	17161	50	15294	—	17254	—	15694	—	17716	50	15774	—	17809	—
15 = 25/60	15214	—	17161	50	15294	—	17254	—	15694	—	17716	50	15774	—	17809	—
16 = 26/60	15214	—	17161	50	15294	—	17254	—	15694	—	17716	50	15774	—	17809	—
17 = 27/60	15214	—	17161	50	15294	—	17254	—	15694	—	17716	50	15774	—	17809	—
18 = 28/60	15634	80	17452	80	15738	—	17568	—	16234	65	18122	40	16337	85	18237	60
19 = 29/60	16195	95	18079	20	16299	15	18194	40	16815	15	18770	40	16918	35	18885	60
20 = 30/60	16750	65	18698	40	16860	30	18820	80	17395	65	19418	40	17505	30	19540	80
21 = 31/60	17311	80	19324	80	17421	45	19447	20	17976	15	20066	40	18085	80	20188	80
22 = 32/60	17866	50	19944	—	17982	60	20073	60	18556	65	20714	40	18672	75	20844	—
23 = 33/60	18427	65	20570	40	18543	75	20700	—	19137	15	21362	40	19253	25	21492	—
24 = 34/60	18982	35	21189	60	19104	90	21326	40	19717	65	22010	40	19840	20	22147	20
25 = 35/60	19543	50	21816	—	19666	05	21952	80	20298	15	22658	40	20420	70	22795	20
26 = 36/60	20098	20	22435	20	20227	20	22579	20	20872	20	23299	20	21001	20	23443	20
27 = 37/60	20659	35	23061	60	20794	80	23212	80	21452	70	23947	20	21565	60	24075	85
28 = 38/60	21220	50	23688	—	21355	95	23839	20	21896	80	24458	80	21997	60	24575	35
29 = 39/60	21704	80	24236	80	21810	40	24358	90	22328	80	24958	30	22434	40	25080	40
30 = 40/60	22122	40	24719	65	22228	—	24841	75	22760	80	25457	80	22866	40	25579	90
31 = 81/120	22328	80	24958	30	22434	40	25080	40	22976	80	25707	55	23082	40	25829	65
32 = 82/120	22535	20	25196	95	22645	60	25324	60	23192	80	25957	30	23303	20	26084	95
33 = 83/120	22746	40	25441	15	22856	80	25568	80	23408	80	26207	05	23519	20	26334	70
34 = 84/120	22952	80	25679	80	23063	20	25807	45	23624	80	26456	80	23735	20	26584	45
35 = 85/120	23159	20	25918	45	23274	40	26051	65	23840	80	26706	55	23951	20	26834	20
36 = 86/120	23365	60	26157	10	23480	80	26290	30	24056	80	26956	30	24172	—	27089	50
37 = 87/120	23576	80	26401	30	23692	—	26534	50	24272	80	27206	05	24388	—	27339	25
38 = 88/120	23783	20	26639	95	23898	40	26773	15	24488	80	27455	80	24604	—	27589	—
39 = 89/120	23989	60	26878	60	24109	60	27017	35	24704	80	27705	55	24820	—	27838	75
40 = 90/120	24196	—	27117	25	24316	—	27256	—	24916	—	27949	75	25036	—	28088	50
Für Witwen	15214	—	17161	50	15294	—	17254	—	15694	—	17716	50	15774	—	17809	—

Für Ruhegehaltsempfänger: volle Dienstjahre	Jahresbetrag des Versorgungszuschlags zum Ruhegehalt und zum Witwengeld bei einem Ausgleichszuschlag von 160 v. H. (für Juli 1922) und von 185 v. H. (vom 1 August 1922 an) vom ruhegehaltsfähigen Diensteinkommen unter Berücksichtigung des Sonderzuschlags von 5500 ℳ und einem Grundgehalt von .... ℳ															
	14 700				14 800				15 000				15 300			
	für Juli 1922		v. 1. August 1922 an		für Juli 1922		v. 1. August 1922 an		für Juli 1922		v. 1. August 1922 an		für Juli 1922		v. 1. August 1922 an	
	ℳ	₰	ℳ	₰	ℳ	₰	ℳ	₰	ℳ	₰	ℳ	₰	ℳ	₰	ℳ	₰
10 = 20/60	16174	—	18271	50	16254	—	18364	—	16830	—	19030	—	17070	—	19307	50
11 = 21/60	16174	—	18271	50	16254	—	18364	—	16830	—	19030	—	17070	—	19307	50
12 = 22/60	16174	—	18271	50	16254	—	18364	—	16830	—	19030	—	17070	—	19307	50
13 = 23/60	16174	—	18271	50	16254	—	18364	—	16830	—	19030	—	17070	—	19307	50
14 = 24/60	16174	—	18271	50	16254	—	18364	—	16830	—	19030	—	17070	—	19307	50
15 = 25/60	16174	—	18271	50	16254	—	18364	—	16830	—	19030	—	17070	—	19307	50
16 = 26/60	16174	—	18271	50	16254	—	18364	—	16830	—	19030	—	17070	—	19307	50
17 = 27/60	16234	65	18271	50	16331	40	18364	—	17028	—	19030	—	17318	25	19332	—
18 = 28/60	16840	95	18799	20	16937	70	18907	20	17660	10	19713	60	17963	25	20052	—
19 = 29/60	17440	80	19468	80	17544	—	19584	—	18292	20	20419	20	18601	80	20764	80
20 = 30/60	18040	65	20138	40	18150	30	20260	80	18924	30	21124	80	19246	80	21484	80
21 = 31/60	18640	50	20808	—	18756	60	20937	60	19556	40	21830	40	19885	35	22197	60
22 = 32/60	19246	80	21484	80	19356	45	21607	20	20182	05	22528	80	20530	35	22917	60
23 = 33/60	19846	65	22154	40	19962	75	22284	—	20814	15	23234	40	21168	90	23630	40
24 = 34/60	20446	50	22824	—	20569	05	22960	80	21446	25	23940	—	21733	60	24270	10
25 = 35/60	21046	35	23493	60	21175	35	23637	60	21930	40	24497	65	22208	80	24819	55
26 = 36/60	21608	80	24125	80	21704	80	24236	80	22396	—	25036	—	22684	—	25369	—
27 = 37/60	22060	—	24647	50	22156	—	24758	50	22866	40	25579	90	23164	—	25924	—
28 = 38/60	22506	40	25163	65	22607	20	25280	20	23336	80	26123	80	23639	20	26473	45
29 = 39/60	22952	80	25679	80	23058	40	25801	90	23807	20	26667	70	24119	20	27028	45
30 = 40/60	23399	20	26195	95	23509	60	26323	60	24277	60	27211	60	24594	40	27577	90
31 = 81/120	23624	80	26456	80	23730	40	26578	90	24508	—	27478	—	24834	40	27855	40
32 = 82/120	23850	40	26717	65	23956	—	26839	75	24743	20	27749	95	25074	40	28132	90
33 = 83/120	24071	20	26972	95	24181	60	27100	60	24978	40	28021	90	25309	60	28404	85
34 = 84/120	24296	80	27233	80	24407	20	27361	45	25213	60	28293	85	25549	60	28682	35
35 = 85/120	24517	60	27489	10	24632	80	27622	30	25448	80	28565	80	25789	60	28959	85
36 = 86/120	24743	20	27749	95	24858	40	27883	15	25684	—	28837	75	26029	60	29237	35
37 = 87/120	24968	80	28010	80	25084	—	28144	—	25919	20	29109	70	26264	80	29509	30
38 = 88/120	25189	60	28266	10	25309	60	28404	85	26154	40	29381	65	26504	80	29786	80
39 = 89/120	25415	20	28526	95	25535	20	28665	70	26389	60	29653	60	26744	80	30064	30
40 = 90/120	25636	—	28782	25	25756	—	28921	—	26620	—	29920	—	26980	—	30336	25
Für Witwen	16174	—	18271	50	16254	—	18364	—	16830	—	19030	—	17070	—	19307	50

Für Ruhegehaltsempfänger: volle Dienstjahre	Jahresbetrag des Versorgungszuschlags zum Ruhegehalt und zum Witwengeld bei einem Ausgleichszuschlag von 160 v. H. (für Juli 1922) und von 185 v. H. (vom 1. August 1922 an) vom ruhegehaltsfähigen Diensteinkommen unter Berücksichtigung des Sonderzuschlags von 5500 ℳ und einem Grundgehalt von ℳ															
	15 400				15 700				15 900				16 000			
	für Juli 1922		v. 1. August 1922 an		für Juli 1922		v. 1. August 1922 an		für Juli 1922		v. 1. August 1922 an		für Juli 1922		v. 1. August 1922 an	
	ℳ	₰	ℳ	₰	ℳ	₰	ℳ	₰	ℳ	₰	ℳ	₰	ℳ	₰	ℳ	₰
10 = 20/60	17150	—	19400	—	17390	—	19677	50	17550	—	19862	50	17630	—	19955	—
11 = 21/60	17150	—	19400	—	17390	—	19677	50	17550	—	19862	50	17630	—	19955	—
12 = 22/60	17150	—	19400	—	17390	—	19677	50	17550	—	19862	50	17630	—	19955	—
13 = 23/60	17150	—	19400	—	17390	—	19677	50	17550	—	19862	50	17630	—	19955	—
14 = 24/60	17150	—	19400	—	17390	—	19677	50	17550	—	19862	50	17630	—	19955	—
15 = 25/60	17150	—	19400	—	17390	—	19677	50	17550	—	19862	50	17630	—	19955	—
16 = 26/60	17150	—	19400	—	17390	—	19677	50	17550	—	19862	50	17630	—	19955	—
17 = 27/60	17415	—	19440	—	17705	25	19764	—	17898	75	19980	—	17995	50	20088	—
18 = 28/60	18060	—	20160	—	18363	15	20498	40	18563	10	20721	60	18666	30	20836	80
19 = 29/60	18705	—	20880	—	19021	05	21232	80	19227	45	21463	20	19330	65	21578	40
20 = 30/60	19350	—	21600	—	19672	50	21960	—	19891	80	22204	80	19995	—	22320	—
21 = 31/60	19995	—	22320	—	20330	40	22694	40	20556	15	22946	40	20665	80	23068	80
22 = 32/60	20640	—	23040	—	20988	30	23428	80	21214	05	23680	80	21330	15	23810	40
23 = 33/60	21285	—	23760	—	21604	—	24120	25	21781	60	24325	60	21868	—	24425	50
24 = 34/60	21820	—	24370	—	22093	60	24686	35	22276	—	24897	25	22367	20	25002	70
25 = 35/60	22300	—	24925	—	22583	20	25252	45	22770	40	25468	90	22861	60	25574	35
26 = 36/60	22780	—	25480	—	23068	—	25813	—	23260	—	26035	—	23356	—	26146	—
27 = 37/60	23260	—	26035	—	23557	60	26379	10	23754	40	26606	65	23855	20	26723	20
28 = 38/60	23740	—	26590	—	24047	20	26945	20	24248	80	27178	30	24349	60	27294	85
29 = 39/60	24220	—	27145	—	24532	—	27505	75	24743	20	27749	95	24844	—	27866	50
30 = 40/60	24700	—	27700	—	25021	60	28071	85	25237	60	28321	60	25343	20	28443	70
31 = 81/120	24940	—	27977	50	25266	40	28354	90	25482	40	28604	65	25588	—	28726	75
32 = 82/120	25180	—	28255	—	25511	20	28637	95	25727	20	28887	70	25837	60	29015	35
33 = 83/120	25420	—	28532	50	25756	—	28921	—	25976	80	29176	30	26087	20	29303	95
34 = 84/120	25660	—	28810	—	25996	—	29198	50	26221	60	29459	35	26332	—	29587	—
35 = 85/120	25900	—	29087	50	26240	80	29481	55	26471	20	29747	95	26581	60	29875	60
36 = 86/120	26140	—	29365	—	26485	60	29764	60	26716	—	30031	—	26831	20	30164	20
37 = 87/120	26380	—	29642	50	26730	40	30047	65	26960	80	30314	05	27076	—	30447	25
38 = 88/120	26620	—	29920	—	26975	20	30330	70	27210	40	30602	65	27325	60	30735	85
39 = 89/120	26[illegible]60	—	30197	50	27220	—	30613	75	27455	20	30885	70	27575	20	31024	45
40 = 90/120	27100	—	30475	—	27460	—	30891	25	27700	—	31168	75	27820	—	31307	50
Für Witwen	17150	—	19400	—	17390	—	19677	50	17550	—	19862	50	17630	—	19955	—

Für Ruhegehaltsempfänger: volle Dienstjahre	Jahresbetrag des Versorgungszuschlags zum Ruhegehalt und zum Witwengeld bei einem Ausgleichszuschlag von 160 v. H. (für Juli 1922) und von 185 v. H. (vom 1. August 1922 an) vom ruhegehaltsfähigen Diensteinkommen unter Berücksichtigung des Sonderzuschlags von 5500 ℳ und einem Grundgehalt von ℳ.															
	16 400				16 500				16 800				17 000			
	für Juli 1922		v. 1. August 1922 an		für Juli 1922		v. 1. August 1922 an		für Juli 1922		v. 1. August 1922 an		für Juli 1922		v. 1. August 1922 an	
	ℳ	₰	ℳ	₰	ℳ	₰	ℳ	₰	ℳ	₰	ℳ	₰	ℳ	₰	ℳ	₰
10 = 20/60	17950	—	20325	—	18030	—	20417	50	18686	—	21176	—	18846	—	21361	—
11 = 21/60	17950	—	20325	—	18030	—	20417	50	18686	—	21176	—	18846	—	21361	—
12 = 22/60	17950	—	20325	—	18030	—	20417	50	18686	—	21176	—	18846	—	21361	—
13 = 23/60	17950	—	20325	—	18030	—	20417	50	18686	—	21176	—	18846	—	21361	—
14 = 24/60	17950	—	20325	—	18030	—	20417	50	18686	—	21176	—	18846	—	21361	—
15 = 25/60	17950	—	20325	—	18030	—	20417	50	18686	—	21176	—	18846	—	21361	—
16 = 26/60	17950	—	20325	—	18030	—	20417	50	18686	—	21176	—	18846	—	21361	—
17 = 27/60	18382	50	20520	—	18479	25	20628	—	19272	60	21513	60	19466	10	21729	60
18 = 28/60	19066	20	21283	20	19169	40	21398	40	19988	55	22312	80	20188	50	22536	—
19 = 29/60	19749	90	22046	40	19853	10	22161	60	20704	50	23112	—	20910	90	23342	40
20 = 30/60	20427	15	22802	40	20536	80	22924	80	21414	—	23904	—	21599	20	24114	70
21 = 31/60	21110	85	23565	60	21220	50	23688	—	21968	80	24542	05	22136	80	24736	30
22 = 32/60	21714	40	24247	90	21800	80	24347	80	22501	60	25158	10	22669	60	25352	35
23 = 33/60	22223	20	24836	20	22309	60	24936	10	23029	60	25768	60	23207	20	25973	95
24 = 34/60	22727	20	25418	95	22818	40	25524	40	23562	40	26384	65	23744	80	26595	55
25 = 35/60	23236	—	26007	25	23327	20	26112	70	24095	20	27000	70	24282	40	27217	15
26 = 36/60	23740	—	26590	—	23836	—	26701	—	24623	20	27611	20	24815	20	27833	20
27 = 37/60	24248	80	27178	30	24349	60	27294	85	25156	—	28227	25	25352	80	28454	80
28 = 38/60	24757	60	27766	60	24858	40	27883	15	25688	80	28843	30	25890	40	29076	40
29 = 39/60	25261	60	28349	35	25367	20	28471	45	26216	80	29453	80	26428	—	29698	—
30 = 40/60	25770	40	28937	65	25876	—	29059	75	26749	60	30069	85	26965	60	30319	60
31 = 61/120	26020	—	29226	25	26130	40	29353	90	27013	60	30375	10	27229	60	30624	85
32 = 62/120	26274	40	29520	40	26384	80	29648	05	27282	40	30685	90	27498	40	30935	65
33 = 63/120	26528	80	29814	55	26639	20	29942	20	27546	40	30991	15	27767	20	31246	45
34 = 64/120	26783	20	30108	70	26893	60	30236	35	27810	40	31296	40	28036	—	31557	25
35 = 65/120	27037	60	30402	85	27148	—	30530	50	28079	20	31607	20	28304	80	31868	05
36 = 66/120	27287	20	30691	45	27402	40	30824	65	28343	20	31912	45	28573	60	32178	85
37 = 67/120	27541	60	30985	60	27656	80	31118	80	28607	20	32217	70	28842	40	32489	65
38 = 68/120	27796	—	31279	75	27911	20	31412	95	28876	—	32528	50	29111	20	32800	45
39 = 69/120	28050	40	31573	90	28165	60	31707	10	29140	—	32833	75	29380	—	33111	25
40 = 90/120	28300	—	31862	50	28420	—	32001	25	29404	—	33139	—	29644	—	33416	50
Für Witwen	17950	—	20325	—	18030	—	20417	50	18686	—	21176	—	18846	—	21361	—

Für Ruhegehaltsempfänger: volle Dienstjahre.	Jahresbetrag des Versorgungszuschlags zum Ruhegehalt und zum Witwengeld bei einem Ausgleichszuschlag von 160 v. H. (für Juli 1922) und von 185 v. H. (vom 1. August 1922 an) vom ruhegehaltsfähigen Diensteinkommen unter Berücksichtigung des Sonderzuschlages von 5500 ℳ und einem Grundgehalt von ...... ℳ															
	17 500				17 600				18 000				18 200			
	für Juli 1922		v. 1. August 1922 an		für Juli 1922		v. 1. August 1922 an		für Juli 1922		v. 1. August 1922 an		für Juli 1922		v. 1. August 1922 an	
	ℳ	₰	ℳ	₰	ℳ	₰	ℳ	₰	ℳ	₰	ℳ	₰	ℳ	₰	ℳ	₰
10 = 20/60	19246	—	21823	50	19326	—	21916	—	19646	—	22286	—	19806	—	22471	—
11 = 21/60	19246	—	21823	50	19326	—	21916	—	19646	—	22286	—	19806	—	22471	—
12 = 22/60	19246	—	21823	50	19326	—	21916	—	19646	—	22286	—	19806	—	22471	—
13 = 23/60	19246	—	21823	50	19326	—	21916	—	19646	—	22286	—	19806	—	22471	—
14 = 24/60	19246	—	21823	50	19326	—	21916	—	19646	—	22286	—	19806	—	22471	—
15 = 25/60	19246	—	21823	50	19326	—	21916	—	19646	—	22286	—	19806	—	22471	—
16 = 26/60	19246	—	21823	50	19326	—	21916	—	19678	95	22286	—	19866	—	22471	—
17 = 27/60	19949	85	22269	60	20046	60	22377	60	20433	60	22809	60	20627	10	23025	60
18 = 28/60	20691	60	23097	60	20794	80	23212	80	21194	70	23659	20	21394	65	23882	40
19 = 29/60	21433	35	23925	60	21527	20	24031	45	21834	40	24386	65	21988	—	24564	25
20 = 30/60	21997	60	24575	35	22079	20	24669	70	22396	—	25036	—	22559	20	25224	70
21 = 31/60	22549	60	25213	60	22631	20	25307	95	22962	40	25690	90	23125	60	25879	60
22 = 32/60	23096	80	25846	30	23183	20	25946	20	23524	—	26340	25	23696	80	26540	05
23 = 33/60	23648	80	26484	55	23735	20	26584	45	24085	60	26989	60	24263	20	27194	95
24 = 34/60	24196	—	27117	25	24287	20	27222	70	24652	—	27644	50	24834	40	27855	40
25 = 35/60	24748	—	27755	50	24839	20	27860	95	25213	60	28293	85	25400	80	28510	30
26 = 36/60	25295	20	28388	20	25391	20	28499	20	25775	20	28943	20	25967	20	29165	20
27 = 37/60	25847	20	29026	45	25948	—	29143	—	26341	60	29598	10	26538	40	29825	65
28 = 38/60	26399	20	29664	70	26500	—	29781	25	26903	20	30247	45	27104	80	30480	55
29 = 39/60	26946	40	30297	40	27052	—	30419	50	27464	80	30896	80	27676	—	31141	—
30 = 40/60	27498	40	30935	65	27604	—	31057	75	28031	20	31551	70	28242	40	31795	90
31 = 81/120	27772	—	31252	—	27877	60	31374	10	28309	60	31873	60	28525	60	32123	35
32 = 82/120	28045	60	31568	35	28156	—	31696	—	28592	80	32201	05	28813	60	32456	35
33 = 83/120	28324	—	31890	25	28434	40	32017	90	28876	—	32528	50	29096	80	32783	80
34 = 84/120	28597	60	32206	60	28708	—	32334	25	29154	40	32850	40	29380	—	33111	25
35 = 85/120	28871	20	32522	95	28986	40	32656	15	29437	60	33177	85	29663	20	33438	70
36 = 86/120	29144	80	32839	30	29260	—	32972	50	29720	80	33505	30	29951	20	33771	70
37 = 87/120	29423	20	33161	20	29538	40	33294	40	29999	20	33827	20	30234	40	34099	15
38 = 88/120	29696	80	33477	55	29812	—	33610	75	30282	40	34154	65	30517	60	34426	60
39 = 89/120	29970	40	33793	90	30090	40	33932	65	30565	60	34482	10	30800	80	34754	05
40 = 90/120	30244	—	34110	25	30364	—	34249	—	30844	—	34804	—	31084	—	35081	50
Für Witwen	19246	—	21823	50	19326	—	21916	—	19646	—	22286	—	19806	—	22471	—

Für Ruhegehaltsempfänger: volle Dienstjahre	Jahresbetrag des Versorgungszuschlags zum Ruhegehalt und zum Witwengeld bei einem Ausgleichszuschlag von 160 v. H. (für Juli 1922) und von 185 v. H. (vom 1. August 1922 an) vom ruhegehaltsfähigen Diensteinkommen unter Berücksichtigung des Sonderzuschlags von 5500 ℳ und einem Grundgehalt von .... ℳ															
	18 300				18 500				18 800				19 000			
	für Juli 1922		v. 1. August 1922 an		für Juli 1922		v. 1. August 1922 an		für Juli 1922		v. 1. August 1922 an		für Juli 1922		v. 1. August 1922 an	
	ℳ	₰	ℳ	₰	ℳ	₰	ℳ	₰	ℳ	₰	ℳ	₰	ℳ	₰	ℳ	₰
10 = 20/60	19886	—	22563	50	20046	—	22748	50	20286	—	23026	—	20446	—	23211	—
11 = 21/60	19886	—	22563	50	20046	—	22748	50	20286	—	23026	—	20446	—	23211	—
12 = 22/60	19886	—	22563	50	20046	—	22748	50	20286	—	23026	—	20446	—	23211	—
13 = 23/60	19886	—	22563	50	20046	—	22748	50	20286	—	23026	—	20446	—	23211	—
14 = 24/60	19886	—	22563	50	20046	—	22748	50	20286	—	23026	—	20446	—	23211	—
15 = 25/60	19886	—	22563	50	20046	—	22748	50	20286	—	23026	—	20446	—	23211	—
16 = 26/60	19956	30	22563	50	20143	35	22748	50	20427	15	23026	—	20614	20	23211	—
17 = 27/60	20723	85	23133	60	20917	35	23349	60	21207	60	23673	60	21401	10	23889	60
18 = 28/60	21491	40	23990	40	21647	20	24170	20	21868	—	24425	50	22016	80	24597	55
19 = 29/60	22064	80	24653	05	22223	20	24836	20	22453	60	25102	60	22607	20	25280	20
20 = 30/60	22636	—	25313	50	22799	20	25502	20	23039	20	25779	70	23197	60	25962	85
21 = 31/60	23207	20	25973	95	23375	20	26168	20	23624	80	26456	80	23788	—	26645	50
22 = 32/60	23778	40	26634	40	23951	20	26834	20	24205	60	27128	35	24378	40	27328	15
23 = 33/60	24349	60	27294	85	24527	20	27500	20	24791	20	27805	45	24968	80	28010	80
24 = 34/60	24920	80	27955	30	25103	20	28166	20	25376	80	28482	55	25559	20	28693	45
25 = 35/60	25492	—	28615	75	25679	20	28832	20	25962	40	29159	65	26149	60	29376	10
26 = 36/60	26063	20	29276	20	26255	20	29498	20	26543	20	29831	20	26735	20	30053	20
27 = 37/60	26634	40	29936	65	26836	—	30169	75	27128	80	30508	30	27325	60	30735	85
28 = 38/60	27205	60	30597	10	27412	—	30835	75	27714	40	31185	40	27916	—	31418	50
29 = 39/60	27776	80	31257	55	27988	—	31501	75	28300	—	31862	50	28506	40	32101	15
30 = 40/60	28348	—	31918	—	28564	—	32167	75	28885	60	32539	60	29096	80	32783	80
31 = 61/120	28636	—	32251	—	28852	—	32500	75	29173	60	32872	60	29389	60	33122	35
32 = 62/120	28919	20	32578	45	29140	—	32833	75	29466	40	33211	15	29687	20	33466	45
33 = 63/120	29207	20	32911	45	29428	—	33166	75	29759	20	33549	70	29980	—	33805	—
34 = 64/120	29490	40	33238	90	29716	—	33499	75	30052	—	33888	25	30277	60	34149	10
35 = 65/120	29778	40	33571	90	30004	—	33832	75	30344	80	34226	80	30570	40	34487	65
36 = 66/120	30061	60	33899	35	30292	—	34165	75	30637	60	34565	35	30868	—	34831	75
37 = 67/120	30349	60	34232	35	30580	—	34498	75	30930	40	34903	90	31160	80	35170	30
38 = 68/120	30632	80	34559	80	30868	—	34831	75	31223	20	35242	45	31458	40	35514	40
39 = 69/120	30920	80	34892	80	31156	—	35164	75	31516	—	35581	—	31751	20	35852	95
40 = 70/120	31204	—	35220	25	31444	—	35497	75	31804	—	35914	—	32044	—	36191	50
Für Witwen	19886	—	22563	50	20046	—	22748	50	20286	—	23026	—	20446	—	23211	—

Für Ruhegehaltsempfänger: volle Dienstjahre	Jahresbetrag des Versorgungszuschlags zum Ruhegehalt und zum Witwengeld bei einem Ausgleichszuschlag von 160 v. H. (für Juli 1922) und von 185 v. H. (vom 1. August 1922 an) vom ruhegehaltsfähigen Diensteinkommen unter Berücksichtigung des Sonderzuschlags von 5500 ℳ und einem Grundgehalt von .... ℳ															
	19 400				19 500				19 700				19 800			
	für Juli 1922		v. 1. August 1922 an		für Juli 1922		v. 1. August 1922 an		für Juli 1922		v. 1. August 1922 an		für Juli 1922		v. 1. August 1922 an	
	ℳ	₰	ℳ	₰	ℳ	₰	ℳ	₰	ℳ	₰	ℳ	₰	ℳ	₰	ℳ	₰
10 = 20/60	20766	—	23581	—	20846	—	23673	50	21006	—	23858	50	21086	—	23951	—
11 = 21/60	20766	—	23581	—	20846	—	23673	50	21006	—	23858	50	21086	—	23951	—
12 = 22/60	20766	—	23581	—	20846	—	23673	50	21006	—	23858	50	21086	—	23951	—
13 = 23/60	20766	—	23581	—	20846	—	23673	50	21006	—	23858	50	21086	—	23951	—
14 = 24/60	20766	—	23581	—	20846	—	23673	50	21006	—	23858	50	21086	—	23951	—
15 = 25/60	20766	—	23581	—	20846	—	23673	50	21006	—	23858	50	21086	—	23951	—
16 = 26/60	20981	85	23581	—	21078	60	23673	50	21265	65	23858	50	21355	95	23951	—
17 = 27/60	21714	40	24247	90	21786	40	24331	15	21930	40	24497	65	22002	40	24580	90
18 = 28/60	22319	20	24947	20	22391	20	25030	45	22540	—	25202	50	22616	80	25291	30
19 = 29/60	22919	20	25640	95	22996	—	25729	75	23149	60	25907	35	23226	40	25996	15
20 = 30/60	23519	20	26334	70	23596	—	26423	50	23759	20	26612	20	23836	—	26701	—
21 = 31/60	24119	20	27028	45	24200	80	27122	80	24368	80	27317	05	24450	40	27411	40
22 = 32/60	24719	20	27722	20	24805	60	27822	10	24973	60	28016	35	25060	—	28116	25
23 = 33/60	25319	20	28415	95	25410	40	28521	40	25583	20	28721	20	25669	60	28821	10
24 = 34/60	25919	20	29109	70	26010	40	29215	15	26192	80	29426	05	26284	—	29531	50
25 = 35/60	26519	20	29803	45	26615	20	29914	45	26802	40	30130	90	26893	60	30236	35
26 = 36/60	27119	20	30497	20	27215	20	30608	20	27407	20	30830	20	27503	20	30941	20
27 = 37/60	27724	—	31196	50	27820	—	31307	50	28016	80	31535	05	28117	60	31651	60
28 = 38/60	28324	—	31890	25	28424	80	32006	80	28626	40	32239	90	28727	20	32356	45
29 = 39/60	28924	—	32584	—	29024	80	32700	55	29236	—	32944	75	29836	80	33061	30
30 = 40/60	29524	—	33277	75	29629	60	33399	85	29845	60	33649	60	29951	20	33771	70
31 = 81/120	29821	60	33621	85	29932	—	33749	50	30148	—	33999	25	30253	60	34121	35
32 = 82/120	30124	—	33971	50	30234	40	34099	15	30450	40	34348	90	30560	80	34476	55
33 = 83/120	30426	40	34321	15	30536	80	34448	80	30757	60	34704	10	30868	—	34831	75
34 = 84/120	30724	—	34665	25	30834	40	34792	90	31060	—	35053	75	31170	40	35181	40
35 = 85/120	31026	40	35014	90	31136	80	35142	55	31367	20	35408	95	31477	60	35536	60
36 = 86/120	31324	—	35359	—	31439	20	35492	20	31669	60	35758	60	31784	80	35891	80
37 = 87/120	31626	40	35708	65	31741	60	35841	85	31972	—	36108	25	32087	20	36241	45
38 = 88/120	31924	—	36052	75	32044	—	36191	50	32279	20	36463	45	32394	40	36596	65
39 = 89/120	32226	40	36402	40	32346	40	36541	15	32581	60	36813	10	32701	60	36951	85
40 = 90/120	32524	—	36746	50	32644	—	36885	25	32884	—	37162	75	33004	—	37301	50
Für Witwen	20766	—	23581	—	20846	—	23673	50	21006	—	23858	50	21086	—	23951	—

Für Ruhegehaltsempfänger: volle Dienstjahre	Jahresbetrag des Versorgungszuschlags zum Ruhegehalt und zum Witwengeld bei einem Ausgleichszuschlag von 160 v. H. (für Juli 1922) und von 185 v. H. (vom 1. August 1922 an) vom ruhegehaltsfähigen Diensteinkommen unter Berücksichtigung des Sonderzuschlags von 5500 ℳ) und einem Grundgehalt von .... ℳ															
	20 000				20 300				20 500				20 600			
	für Juli 1922		v. 1. August 1922 an		für Juli 1922		v. 1. August 1922 an		für Juli 1922		v. 1. August 1922 an		für Juli 1922		v. 1. August 1922 an	
	ℳ	₰	ℳ	₰	ℳ	₰	ℳ	₰	ℳ	₰	ℳ	₰	ℳ	₰	ℳ	₰
10 = 20/60	21662	—	24617	—	21902	—	24894	50	22062	—	25079	50	22142	—	25172	—
11 = 21/60	21662	—	24617	—	21902	—	24894	50	22062	—	25079	50	22142	—	25172	—
12 = 22/60	21662	—	24617	—	21902	—	24894	50	22062	—	25079	50	22142	—	25172	—
13 = 23/60	21662	—	24617	—	21902	—	24894	50	22062	—	25079	50	22142	—	25172	—
14 = 24/60	21662	—	24617	—	21902	—	24894	50	22062	—	25079	50	22142	—	25172	—
15 = 25/60	21662	—	24617	—	21902	—	24894	50	22062	—	25079	50	22142	—	25172	—
16 = 26/60	21892	—	24617	—	22098	40	24894	50	22237	60	25079	50	22309	60	25172	—
17 = 27/60	22520	80	25180	30	22736	80	25430	05	22880	80	25596	55	22952	80	25679	80
18 = 28/60	23154	40	25912	90	23375	20	26168	20	23528	80	26345	80	23600	80	26429	05
19 = 29/60	23783	20	26639	95	24013	60	26906	35	24172	—	27089	50	24248	80	27178	30
20 = 30/60	24412	—	27367	—	24652	—	27644	50	24815	20	27833	20	24892	—	27922	—
21 = 31/60	25045	60	28099	60	25290	40	28382	65	25458	40	28576	90	25540	—	28671	25
22 = 32/60	25674	40	28826	65	25928	80	29120	80	26101	60	29320	60	26188	—	29420	50
23 = 33/60	26303	20	29553	70	26567	20	29858	95	26744	80	30064	30	26831	20	30164	20
24 = 34/60	26936	80	30286	30	27205	60	30597	10	27388	—	30808	—	27479	20	30913	45
25 = 35/60	27565	60	31013	35	27844	—	31335	25	28031	20	31551	70	28127	20	31662	70
26 = 36/60	28194	40	31740	40	28482	40	32073	40	28674	40	32295	40	28770	40	32406	40
27 = 37/60	28828	—	32473	—	29120	80	32811	55	29322	40	33044	65	29418	40	33155	65
28 = 38/60	29456	80	33200	05	29759	20	33549	70	29965	60	33788	35	30066	40	33904	90
29 = 39/60	30085	60	33927	10	30397	60	34287	85	30608	80	34532	05	30709	60	34648	60
30 = 40/60	30719	20	34659	70	31036	—	35026	—	31252	—	35275	75	31357	60	35397	85
31 = 81/120	31031	20	35020	45	31357	60	35397	85	31573	60	35647	60	31679	20	35769	70
32 = 82/120	31348	—	35386	75	31674	40	35764	15	31895	20	36019	45	32005	60	36147	10
33 = 83/120	31664	80	35753	05	31996	—	36136	—	32216	80	36391	30	32327	20	36518	95
34 = 84/120	31976	80	36113	80	32312	80	36502	30	32538	40	36763	15	32648	80	36890	80
35 = 85/120	32293	60	36480	10	32634	40	36874	15	32860	—	37135	—	32975	20	37268	20
36 = 86/120	32610	40	36846	40	32951	20	37240	45	33181	60	37506	85	33296	80	37640	05
37 = 87/120	32922	40	37207	15	33272	80	37612	30	33503	20	37878	70	33618	40	38011	90
38 = 88/120	33239	20	37573	45	33589	60	37978	60	33824	80	38250	55	33944	80	38389	30
39 = 89/120	33556	—	37939	75	33911	20	38350	45	34146	40	38622	40	34266	40	38761	15
40 = 90/120	33868	—	38300	50	34228	—	38716	75	34468	—	38994	25	34588	—	39133	—
Für Witwen	21662	—	24617	—	21902	—	24894	50	22062	—	25079	50	22142	—	25172	—

Jahresbetrag des Versorgungszuschlags zum Ruhegehalt und zum Witwengeld bei einem Ausgleichszuschlag von 160 v. H. (für Juli 1922) und von 185 v. H. (vom 1 August 1922 an) vom ruhegehaltsfähigen Diensteinkommen unter Berücksichtigung des Sonderzuschlages von 5500 ℳ und einem Grundgehalt von .... ℳ

Für Ruhegehaltsempfänger: volle Dienstjahre	20 900				21 000				21 200				21 300			
	für Juli 1922		v. 1. August 1922 an		für Juli 1922		v. 1. August 1922 an		für Juli 1922		v. 1. August 1922 an		für Juli 1922		v. 1. August 1922 an	
	ℳ	₰	ℳ	₰	ℳ	₰	ℳ	₰	ℳ	₰	ℳ	₰	ℳ	₰	ℳ	₰
10 = 20/60	22382	—	25449	50	22462	—	25542	—	22622	—	25727	—	22702	—	25819	50
11 = 21/60	22382	—	25449	50	22462	—	25542	—	22622	—	25727	—	22702	—	25819	50
12 = 22/60	22382	—	25449	50	22462	—	25542	—	22622	—	25727	—	22702	—	25819	50
13 = 23/60	22382	—	25449	50	22462	—	25542	—	22622	—	25727	—	22702	—	25819	50
14 = 24/60	22382	—	25449	50	22462	—	25542	—	22622	—	25727	—	22702	—	25819	50
15 = 25/60	22382	—	25449	50	22462	—	25542	—	22622	—	25727	—	22702	—	25810	50
16 = 26/60	22516	—	25449	50	22588	—	25542	—	22722	40	25727	—	22794	40	25819	50
17 = 27/60	23168	80	25929	55	23240	80	26012	80	23384	80	26179	30	23456	80	26262	55
18 = 28/60	23826	40	26689	90	23898	40	26773	15	24047	20	26945	20	24124	—	27034	—
19 = 29/60	24479	20	27444	70	24556	—	27533	50	24709	60	27711	10	24791	20	27805	45
20 = 30/60	25132	—	28199	50	25213	60	28293	85	25372	—	28477	—	25453	60	28571	85
21 = 31/60	25789	60	28959	85	25871	20	29054	20	26034	40	29242	90	26120	80	29342	80
22 = 32/60	26442	40	29714	65	26528	80	29814	55	26696	80	30008	80	26783	20	30108	70
23 = 33/60	27095	20	30469	45	27186	40	30574	90	27359	20	30774	70	27450	40	30880	15
24 = 34/60	27752	80	31229	80	27844	—	31335	25	28021	60	31540	60	28112	80	31646	05
25 = 35/60	28405	60	31984	60	28501	60	32095	60	28684	—	32306	50	28780	—	32417	50
26 = 36/60	29058	40	32739	40	29154	40	32850	40	29346	40	33072	40	29442	40	33183	40
27 = 37/60	29716	—	33499	75	29812	—	33610	75	30008	80	33838	30	30109	60	33954	85
28 = 38/60	30368	80	34254	55	30469	60	34371	10	30671	20	34604	20	30776	80	34726	30
29 = 39/60	31021	60	35009	35	31127	20	35131	45	31333	60	35370	10	31439	20	35492	20
30 = 40/60	31679	20	35769	70	31784	80	35891	80	31996	—	36136	—	32106	40	36263	65
31 = 81/120	32005	60	36147	10	32111	20	36269	20	32327	20	36518	95	32437	60	36646	60
32 = 82/120	32332	—	36524	50	32442	40	36652	15	32658	40	36901	90	32768	80	37029	55
33 = 83/120	32658	40	36901	90	32768	80	37029	55	32989	60	37284	85	33104	80	37418	05
34 = 84/120	32984	80	37279	30	33100	—	37412	50	33320	80	37667	80	33436	—	37801	—
35 = 85/120	33316	—	37662	25	33426	40	37789	90	33652	—	38050	75	33767	20	38183	95
36 = 86/120	33642	40	38039	65	33757	60	38172	85	33983	20	38433	70	34098	40	38566	90
37 = 87/120	33968	80	38417	05	34084	—	38550	25	34314	40	38816	65	34434	40	38955	40
38 = 88/120	34295	20	38794	45	34415	20	38933	20	34645	60	39199	60	34765	60	39338	35
39 = 89/120	34621	60	39171	85	34741	60	39310	60	34976	80	39582	55	35096	80	39721	30
40 = 90/120	34948	—	39549	25	35068	—	39688	—	35308	—	39965	50	35428	—	40104	25
Für Witwen	22382	—	25449	50	22462	—	25542	—	22622	—	25727	—	22702	—	25819	50

Jahresbetrag des Versorgungszuschlags zum Ruhegehalt und zum Witwengeld bei einem Ausgleichszuschlag von 160 v. H. (für Juli 1922) und von 185 v. H. (vom 1. August 1922 an) vom ruhegehaltsfähigen Diensteinkommen unter Berücksichtigung des Sonderzuschlags von 5500 ℳ und einem Grundgehalt von .... ℳ

Für Ruhegehaltsempfänger: volle Dienstjahre	21 500				21 800				22 000				22 100			
	für Juli 1922		v. 1. August 1922 an		für Juli 1922		v. 1. August 1922 an		für Juli 1922		v. 1. August 1922 an		für Juli 1922		v. 1. August 1922 an	
	ℳ	₰	ℳ	₰	ℳ	₰	ℳ	₰	ℳ	₰	ℳ	₰	ℳ	₰	ℳ	₰
10 = 20/60	22862	—	26004	50	23102	—	26282	—	23678	—	26948	—	23758	—	27040	50
11 = 21/60	22862	—	26004	50	23102	—	26282	—	23678	—	26948	—	23758	—	27040	50
12 = 22/60	22862	—	26004	50	23102	—	26282	—	23678	—	26948	—	22758	—	27040	50
13 = 23/60	22862	—	26004	50	23102	—	26282	—	23678	—	26948	—	23758	—	27040	50
14 = 24/60	22862	—	26004	50	23102	—	26282	—	23678	—	26948	—	23758	—	27040	50
15 = 25/60	22862	—	26004	50	23102	—	26282	—	23678	—	26948	—	23758	—	27040	50
16 = 26/60	22933	60	26004	50	23140	—	26282	—	23678	—	26948	—	23758	—	27040	50
17 = 27/60	23600	80	26429	05	23816	80	26678	80	24335	20	27278	20	24407	20	27361	45
18 = 28/60	24272	80	27206	05	24498	40	27466	90	25036	—	28088	50	25108	—	28171	75
19 = 29/60	24944	80	27983	05	25175	20	28249	45	25732	—	28893	25	25808	80	28982	05
20 = 30/60	25612	—	28754	50	25852	—	29032	—	26428	—	29698	—	26509	60	29792	35
21 = 31/60	26284	—	29531	50	26533	60	29820	10	27128	80	30508	30	27210	40	30602	65
22 = 32/60	26956	—	30308	50	27210	40	30602	65	27824	80	31313	05	27911	20	31412	95
23 = 33/60	27623	20	31079	95	27887	20	31385	20	28520	80	32117	80	28612	—	32223	25
24 = 34/60	28295	20	31856	95	28568	80	32173	30	29221	60	32928	10	29312	80	33033	55
25 = 35/60	28967	20	32633	95	29245	60	32955	85	29917	60	33732	85	30013	60	33843	85
26 = 36/60	29634	40	33405	40	29922	40	33738	40	30613	60	34537	60	30709	60	34648	60
27 = 37/60	30306	40	34182	40	30604	—	34526	50	31314	40	35347	90	31410	40	35458	90
28 = 38/60	30978	40	34959	40	31280	80	35309	05	32010	40	36152	65	32111	20	36269	20
29 = 39/60	31645	60	35730	85	31957	60	36091	60	32706	40	36957	40	32812	—	37079	50
30 = 40/60	32317	60	36507	85	32639	20	36879	70	33407	20	37767	70	33512	80	37889	80
31 = 81/120	32653	60	36896	35	32975	20	37268	20	33752	80	38167	30	33863	20	38294	95
32 = 82/120	32989	60	37284	85	33316	—	37662	25	34103	20	38572	45	34213	60	38700	10
33 = 83/120	33325	60	37673	35	33656	80	38056	30	34453	60	38977	60	34564	—	39105	25
34 = 84/120	33656	80	38056	30	33992	80	38444	80	34799	20	39377	20	34914	40	39510	40
35 = 85/120	33992	80	38444	80	34333	60	38838	85	35149	60	39782	35	35264	80	39915	55
36 = 86/120	34328	80	38833	30	34674	40	39232	90	35500	—	40187	50	35615	20	40320	70
37 = 87/120	34664	80	39221	80	35010	40	39621	40	35845	60	40587	10	35965	60	40725	85
38 = 88/120	35000	80	39610	30	35351	20	40015	45	36196	—	40992	25	36316	—	41131	—
39 = 89/120	35336	80	39998	80	35692	—	40409	50	36546	40	41397	40	36666	40	41536	15
40 = 90/120	35668	—	40381	75	36028	—	40798	—	36892	—	41797	—	37012	—	41935	75
Für Witwen	22862	—	26004	50	23102	—	26282	—	23678	—	26948	—	23758	—	27040	50

Für Ruhegehaltsempfänger: volle Dienstjahre	Jahresbetrag des Versorgungszuschlags zum Ruhegehalt und zum Witwengeld bei einem Ausgleichszuschlag von 160 v. H. (für Juli 1922) und von 185 v. H. (vom 1. August 1922 an) vom ruhegehaltsfähigen Diensteinkommen unter Berücksichtigung des Sonderzuschlags von 5500 ℳ und einem Grundgehalt von ...... ℳ															
	22 400				22 900				23 000				23 500			
	für Juli 1922		v. 1. August 1922 an		für Juli 1922		v. 1. August 1922 an		für Juli 1922		v. 1. August 1922 an		für Juli 1922		v. 1. August 1922 an	
	ℳ	₰	ℳ	₰	ℳ	₰	ℳ	₰	ℳ	₰	ℳ	₰	ℳ	₰	ℳ	₰
10 = 20/60	23998	—	27318	—	24398	—	27780	50	24478	—	27873	—	24878	—	28335	50
11 = 21/60	23998	—	27318	—	24398	—	27780	50	24478	—	27873	—	24878	—	28335	50
12 = 22/60	23998	—	27318	—	24398	—	27780	50	24478	—	27873	—	24878	—	28335	50
13 = 23/60	23998	—	27318	—	24398	—	27780	50	24478	—	27873	—	24878	—	28335	50
14 = 24/60	23998	—	27318	—	24398	—	27780	50	24478	—	27873	—	24878	—	28335	50
15 = 25/60	23998	—	27318	—	24398	—	27780	50	24478	—	27873	—	24878	—	28335	50
16 = 26/60	23998	—	27318	—	24398	—	27780	50	24478	—	27873	—	24878	—	28335	50
17 = 27/60	24623	20	27611	20	24983	20	28027	45	25055	20	28110	70	25415	20	28526	95
18 = 28/60	25333	60	28432	60	25708	—	28865	50	25780	—	28948	75	26154	40	29381	65
19 = 29/60	26044	—	29254	—	26428	—	29698	—	26504	80	29786	80	26893	60	30236	35
20 = 30/60	26749	60	30069	85	27148	—	30530	50	27229	60	30624	85	27628	—	31085	50
21 = 31/60	27460	—	30891	25	27872	80	31368	55	27954	40	31462	90	28367	20	31940	20
22 = 32/60	28165	60	31707	10	28592	80	32201	05	28679	20	32300	95	29106	40	32794	90
23 = 33/60	28876	—	32528	50	29312	80	33033	55	29404	—	33139	—	29840	80	33644	05
24 = 34/60	29581	60	33344	35	30037	60	33871	60	30128	80	33977	05	30580	—	34498	75
25 = 35/60	30292	—	34165	75	30757	60	34704	10	30853	60	34815	10	31319	20	35353	45
26 = 36/60	30997	60	34981	60	31477	60	35536	60	31573	60	35647	60	32053	60	36202	60
27 = 37/60	31708	—	35803	—	32202	40	36374	65	32298	40	36485	65	32792	80	37057	30
28 = 38/60	32418	40	36624	40	32922	40	37207	15	33023	20	37323	70	33532	—	37912	—
29 = 39/60	33124	—	37440	25	33642	40	38039	65	33748	—	38161	75	34266	40	38761	15
30 = 40/60	33834	40	38261	65	34367	20	38877	70	34472	80	38999	80	35005	60	39615	85
31 = 81/120	34184	80	38666	80	34727	20	39293	95	34832	80	39416	05	35375	20	40043	20
32 = 82/120	34540	—	39077	50	35087	20	39710	20	35197	60	39837	85	35744	80	40470	55
33 = 83/120	34895	20	39488	20	35447	20	40126	45	35557	60	40254	10	36114	40	40897	90
34 = 84/120	35250	40	39898	90	35807	20	40542	70	35922	40	40675	90	36479	20	41319	70
35 = 85/120	35605	60	40309	60	36172	—	40964	50	36282	40	41092	15	36848	80	41747	05
36 = 86/120	35960	80	40720	30	36532	—	41380	75	36647	20	41513	95	37218	40	42174	40
37 = 87/120	36311	20	41125	45	36892	—	41797	—	37007	20	41930	20	37588	—	42601	75
38 = 88/120	36666	40	41536	15	37252	—	42213	25	37372	—	42352	—	37957	60	43029	10
39 = 89/120	37021	60	41946	85	37612	—	42629	50	37732	—	42768	25	38327	20	43456	45
40 = 90/120	37372	—	42352	—	37972	—	43045	75	38092	—	43184	50	38692	—	43878	25
Für Witwen	23998	—	27318	—	24398	—	27780	50	24478	—	27873	—	24878	—	28335	50

Für Ruhegehaltsempfänger: volle Dienstjahre	Jahresbetrag des Versorgungszuschlags zum Ruhegehalt und zum Witwengeld bei einem Ausgleichszuschlag von 160 v. H. (für Juli 1922) und von 185 v. H. (vom 1. August 1922 an) vom ruhegehaltsfähigen Diensteinkommen unter Berücksichtigung des Sonderzuschlags von 5500 ℳ und einem Grundgehalt von .... ℳ															
	23 600				24 000				24 300				25 000			
	für Juli 1922		v. 1. August 1922 an		für Juli 1922		v. 1. August 1922 an		für Juli 1922		v. 1. August 1922 an		für Juli 1922		v. 1. August 1922 an	
	ℳ	₰	ℳ	₰	ℳ	₰	ℳ	₰	ℳ	₰	ℳ	₰	ℳ	₰	ℳ	₰
10 = 20/60	24958	—	28428	—	25278	—	28798	—	25518	—	29075	50	26078	—	29723	—
11 = 21/60	24958	—	28428	—	25278	—	28798	—	25518	—	29075	50	26078	—	29723	—
12 = 22/60	24958	—	28428	—	25278	—	28798	—	25518	—	29075	50	26078	—	29723	—
13 = 23/60	24958	—	28428	—	25278	—	28798	—	25518	—	29075	50	26078	—	29723	—
14 = 24/60	24958	—	28428	—	25278	—	28798	—	25518	—	29075	50	26078	—	29723	—
15 = 25/60	24958	—	28428	—	25278	—	28798	—	25518	—	29075	50	26078	—	29723	—
16 = 26/60	24958	—	28428	—	25278	—	28798	—	25518	—	29075	50	26078	—	29723	—
17 = 27/60	25487	20	28610	20	25775	20	28943	20	25991	20	29192	95	26495	20	29775	70
18 = 28/60	26231	20	29470	45	26528	80	29814	55	26754	40	30075	40	27272	80	30674	80
19 = 29/60	26970	40	30325	15	27277	60	30680	35	27512	80	30952	30	28050	40	31573	90
20 = 30/60	27709	60	31179	85	28031	20	31551	70	28271	20	31829	20	28828	—	32473	—
21 = 31/60	28448	80	32034	55	28780	—	32417	50	29029	60	32706	10	29605	60	33372	10
22 = 32/60	29192	80	32894	80	29533	60	33288	85	29788	—	33583	—	30383	20	34271	20
23 = 33/60	29932	—	33749	50	30282	40	34154	65	30546	40	34459	90	31160	80	35170	30
24 = 34/60	30671	20	34604	20	31036	—	35026	—	31304	80	35336	80	31938	40	36069	40
25 = 35/60	31410	40	35458	90	31784	80	35891	80	32063	20	36213	70	32716	—	36968	50
26 = 36/60	32149	60	36313	60	32533	60	36757	60	32821	60	37090	60	33493	60	37867	60
27 = 37/60	32893	60	37173	85	33287	20	37628	95	33584	80	37973	05	34271	20	38766	70
28 = 38/60	33632	80	38028	55	34036	—	38494	75	34343	20	38849	95	35048	80	39665	80
29 = 39/60	34372	—	38883	25	34789	60	39366	10	35101	60	39726	85	35826	40	40564	90
30 = 40/60	35111	20	39737	95	35538	40	40231	90	35860	—	40603	75	36604	—	41464	—
31 = 81/120	35480	80	40165	30	35912	80	40664	80	36239	20	41042	20	36992	80	41913	55
32 = 82/120	35855	20	40598	20	36292	—	41103	25	36618	40	41480	65	37381	60	42363	10
33 = 83/120	36224	80	41025	55	36666	40	41536	15	36997	60	41919	10	37770	40	42812	65
34 = 84/120	36594	40	41452	90	37040	80	41969	05	37376	80	42357	55	38159	20	43262	20
35 = 85/120	36964	—	41880	25	37415	20	42401	95	37756	—	42796	—	38548	—	43711	75
36 = 86/120	37333	60	42307	60	37794	40	42840	40	38135	20	43234	45	38936	80	44161	30
37 = 87/120	37703	20	42734	95	38168	80	43273	30	38514	40	43672	90	39325	60	44610	85
38 = 88/120	38072	80	43162	30	38543	20	43706	20	38893	60	44111	35	39714	40	45060	40
39 = 89/120	38442	40	43589	65	38917	60	44139	10	39272	80	44549	80	40103	20	45509	95
40 = 90/120	38812	—	44017	—	39292	—	44572	—	39652	—	44988	25	40492	—	45959	50
Für Witwen	24958	—	28428	—	25278	—	28798	—	25518	—	29075	50	26078	—	29723	—

Für Ruhegehaltsempfänger: volle Dienstjahre	Jahresbetrag des Versorgungszuschlags zum Ruhegehalt und zum Witwengeld bei einem Ausgleichszuschlag von 160 v. H. (für Juli 1922) und von 185 v. H. (vom 1. August 1922 an) vom ruhegehaltsfähigen Diensteinkommen unter Berücksichtigung des Sonderzuschlags von 5500 ℳ und einem Grundgehalt von .... ℳ															
	26 000				26 200				26 600				27 000			
	für Juli 1922		v. 1. August 1922 an		für Juli 1922		v. 1. August 1922 an		für Juli 1922		v. 1. August 1922 an		für Juli 1922		v. 1. August 1922 an	
	ℳ	₰	ℳ	₰	ℳ	₰	ℳ	₰	ℳ	₰	ℳ	₰	ℳ	₰	ℳ	₰
10 = 20/60	26878	—	30648	—	27038	—	30833	—	27358	—	31203	—	27678	—	31573	—
11 = 21/60	26878	—	30648	—	27038	—	30833	—	27358	—	31203	—	27678	—	31573	—
12 = 22/60	26878	—	30648	—	27038	—	30833	—	27358	—	31203	—	27678	—	31573	—
13 = 23/60	26878	—	30648	—	27038	—	30833	—	27358	—	31203	—	27678	—	31573	—
14 = 24/60	26878	—	30648	—	27038	—	30833	—	27358	—	31203	—	27678	—	31573	—
15 = 25/60	26878	—	30648	—	27038	—	30833	—	27358	—	31203	—	27678	—	31573	—
16 = 26/60	26878	—	30648	—	27038	—	30833	—	27358	—	31203	—	27678	—	31573	—
17 = 27/60	27215	20	30648	—	27359	20	30833	—	27647	20	31203	—	27935	20	31573	—
18 = 28/60	28021	60	31540	60	28170	40	31712	65	28468	—	32056	75	28770	40	32406	40
19 = 29/60	28828	—	32473	—	28981	60	32650	60	29288	80	33005	80	29600	80	33366	55
20 = 30/60	29629	60	33399	85	29788	—	33583	—	30109	60	33954	85	30431	20	34326	70
21 = 31/60	30436	—	34332	25	30599	20	34520	95	30930	40	34903	90	31261	60	35286	85
22 = 32/60	31237	60	35259	10	31410	40	35458	90	31751	20	35852	95	32092	—	36247	—
23 = 33/60	32044	—	36191	50	32216	80	36391	30	32572	—	36802	—	32922	40	37207	15
24 = 34/60	32845	60	37118	35	33028	—	37329	25	33392	80	37751	05	33752	80	38167	30
25 = 35/60	33652	—	38050	75	33839	20	38267	20	34213	60	38700	10	34583	20	39127	45
26 = 36/60	34453	60	38977	60	34645	60	39199	60	35029	60	39643	60	35413	60	40087	60
27 = 37/60	35260	—	39910	—	35456	80	40137	55	35850	40	40592	65	36248	80	41053	30
28 = 38/60	36066	40	40842	40	36268	—	41075	50	36671	20	41541	70	37079	20	42013	45
29 = 39/60	36868	—	41769	25	37074	40	42007	90	37492	—	42490	75	37909	60	42973	60
30 = 40/60	37674	40	42701	65	37885	60	42945	85	38312	80	43439	80	38740	—	43933	75
31 = 81/120	38072	80	43162	30	38288	80	43412	05	38720	80	43911	55	39152	80	44411	05
32 = 82/120	38476	—	43628	50	38696	80	43883	80	39133	60	44388	85	39570	40	44893	90
33 = 83/120	38879	20	44094	70	39100	—	44350	—	39541	60	44860	60	39988	—	45376	75
34 = 84/120	39282	40	44560	90	39503	20	44816	20	39954	40	45337	90	40400	80	45854	05
35 = 85/120	39685	60	45027	10	39911	20	45287	95	40362	40	45809	65	40818	40	46336	90
36 = 86/120	40084	—	45487	75	40314	40	45754	15	40775	20	46286	95	41231	20	46814	20
37 = 87/120	40487	20	45953	95	40717	60	46220	35	41183	20	46758	70	41648	80	47297	05
38 = 88/120	40890	40	46420	15	41125	60	46692	10	41596	—	47236	—	42061	60	47774	35
39 = 89/120	41293	60	46886	35	41528	80	47158	30	42004	—	47707	75	42479	20	48257	20
40 = 90/120	41692	—	47347	—	41932	—	47624	50	42412	—	48179	50	42892	—	48734	50
Für Witwen	26878	—	30648	—	27038	—	30833	—	27358	—	31203	—	27678	—	31573	—

Für Ruhegehaltsempfänger: volle Dienstjahre	Jahresbetrag des Versorgungszuschlags zum Ruhegehalt und zum Witwengeld bei einem Ausgleichszuschlag von 160 v. H. (für Juli 1922) und von 185 v. H. (vom 1. August 1922 an) vom ruhegehaltsfähigen Diensteinkommen unter Berücksichtigung des Sonderzuschlags von 5500 ℳ und einem Grundgehalt von .... ℳ															
	27 400				28 000				28 200				28 600			
	für Juli 1922		v. 1. August 1922 an		für Juli 1922		v. 1. August 1922 an		für Juli 1922		v. 1. August 1922 an		für Juli 1922		v. 1. August 1922 an	
	ℳ	₰	ℳ	₰	ℳ	₰	ℳ	₰	ℳ	₰	ℳ	₰	ℳ	₰	ℳ	₰
10 = 20/60	27998	—	31943	—	28894	—	32979	—	29054	—	33164	—	29374	—	33534	—
11 = 21/60	27998	—	31943	—	28894	—	32979	—	29054	—	33164	—	29374	—	33534	—
12 = 22/60	27998	—	31943	—	28894	—	32979	—	29054	—	33164	—	29374	—	33534	—
13 = 23/60	27998	—	31943	—	28894	—	32979	—	29054	—	33164	—	29374	—	33534	—
14 = 24/60	27998	—	31943	—	28894	—	32979	—	29054	—	33164	—	29374	—	33534	—
15 = 25/60	27998	—	31943	—	28894	—	32979	—	29054	—	33164	—	29374	—	33534	—
16 = 26/60	27998	—	31943	—	28894	—	32979	—	29054	—	33164	—	29374	—	33534	—
17 = 27/60	28223	20	31943	—	29029	60	32979	—	29173	60	33164	—	29461	60	33534	—
18 = 28/60	29068	—	32750	50	29903	20	33716	20	30052	—	33888	25	30349	60	34232	35
19 = 29/60	29908	—	33721	75	30776	80	34726	30	30930	40	34903	90	31237	60	35259	10
20 = 30/60	30748	—	34693	—	31645	60	35730	85	31804	—	35914	—	32125	60	36285	85
21 = 31/60	31592	80	35669	80	32519	20	36740	95	32682	40	36929	65	33013	60	37312	60
22 = 32/60	32432	80	36641	05	33388	—	37745	50	33560	80	37945	30	33901	60	38339	35
23 = 33/60	33272	80	37612	30	34261	60	38755	60	34434	40	38955	40	34789	60	39366	10
24 = 34/60	34117	60	38589	10	35130	40	39760	15	35312	80	39971	05	35677	60	40392	85
25 = 35/60	34957	60	39560	35	36004	—	40770	25	36191	20	40986	70	36565	60	41419	60
26 = 36/60	35797	60	40531	60	36872	80	41774	80	37064	80	41996	80	37448	80	42440	80
27 = 37/60	36642	40	41508	40	37746	40	42784	90	37943	20	43012	45	38336	80	43467	55
28 = 38/60	37482	40	42479	65	38620	—	43795	—	38821	60	44028	10	39224	80	44494	30
29 = 39/60	38322	40	43450	90	39488	80	44799	55	39695	20	45038	20	40112	80	45521	05
30 = 40/60	39167	20	44427	70	40362	40	45809	65	40573	60	46053	85	41000	80	46547	80
31 = 81/120	39584	80	44910	55	40794	40	46309	15	41010	40	46558	90	41442	40	47058	40
32 = 82/120	40007	20	45398	95	41231	20	46814	20	41452	—	47069	50	41888	80	47574	55
33 = 83/120	40429	60	45887	35	41668	—	47319	25	41888	80	47574	55	42330	40	48085	15
34 = 84/120	40847	20	46370	20	42104	80	47824	30	42325	60	48079	60	42776	80	48601	30
35 = 85/120	41269	60	46858	60	42541	60	48329	35	42767	20	48590	20	43218	40	49111	90
36 = 86/120	41692	—	47347	—	42973	60	48828	85	43204	—	49095	25	43664	80	49628	05
37 = 87/120	42109	60	47829	85	43410	40	49333	90	43640	80	49600	30	44106	40	50138	65
38 = 88/120	42532	—	48318	25	43847	20	49838	95	44082	40	50110	90	44552	80	50654	80
39 = 89/120	42954	40	48806	65	44284	—	50344	—	44519	20	50615	95	44994	40	51165	40
40 = 90/120	43372	—	49289	50	44716	—	50843	50	44956	—	51121	—	45436	—	51676	—
Für Witwen	27998	—	31943	—	28894	—	32979	—	29054	—	33164	—	29374	—	33534	—

Für Ruhegehaltsempfänger: volle Dienstjahre	Jahresbetrag des Versorgungszuschlags zum Ruhegehalt und zum Witwengeld bei einem Ausgleichszuschlag von 160 v. H. (für Juli 1922) und von 185 v. H. (vom 1. August 1922 an) vom ruhegehaltsfähigen Diensteinkommen unter Berücksichtigung des Sonderzuschlags von 5500 ℳ und einem Grundgehalt von .... ℳ															
	29 800				30 000				31 100				31 400			
	für Juli 1922		v. 1. August 1922 an		für Juli 1922		v. 1. August 1922 an		für Juli 1922		v. 1. August 1922 an		für Juli 1922		v. 1. August 1922 an	
	ℳ	₰	ℳ	₰	ℳ	₰	ℳ	₰	ℳ	₰	ℳ	₰	ℳ	₰	ℳ	₰
10 = 20/60	30334	—	34644	—	30494	—	34829	—	31294	—	35754	—	31614	—	36124	—
11 = 21/60	30334	—	34644	—	30494	—	34829	—	31294	—	35754	—	31614	—	36124	—
12 = 22/60	30334	—	34644	—	30494	—	34829	—	31294	—	35754	—	31614	—	36124	—
13 = 23/60	30334	—	34644	—	30494	—	34829	—	31294	—	35754	—	31614	—	36124	—
14 = 24/60	30334	—	34644	—	30494	—	34829	—	31294	—	35754	—	31614	—	36124	—
15 = 25/60	30334	—	34644	—	30494	—	34829	—	31294	—	35754	—	31614	—	36124	—
16 = 26/60	30334	—	34644	—	30494	—	34829	—	31294	—	35754	—	31614	—	36124	—
17 = 27/60	30334	—	34644	—	30494	—	34829	—	31294	—	35754	—	31614	—	36124	—
18 = 28/60	31247	20	35270	20	31396	—	35442	25	32144	80	36308	05	32442	40	36652	15
19 = 29/60	32168	80	36335	80	32322	40	36513	40	33095	20	37406	95	33402	40	37762	15
20 = 30/60	33085	60	37395	85	33244	—	37579	—	34045	60	38505	85	34367	20	38877	70
21 = 31/60	34007	20	38461	45	34170	40	38650	15	34996	—	39604	75	35327	20	39987	70
22 = 32/60	34924	—	39521	50	35096	80	39721	30	35951	20	40709	20	36292	—	41103	25
23 = 33/60	35845	60	40587	10	36018	40	40786	90	36901	60	41808	10	37252	—	42213	25
24 = 34/60	36762	40	41647	15	36944	80	41858	05	37852	—	42907	—	38216	80	43328	80
25 = 35/60	37684	—	42712	75	37871	20	42929	20	38802	40	44005	90	39176	80	44438	80
26 = 36/60	38600	80	43772	80	38792	80	43994	80	39752	80	45104	80	40136	80	45548	80
27 = 37/60	39522	40	44838	40	39719	20	45065	95	40708	—	46209	25	41101	60	46664	35
28 = 38/60	40444	—	45904	—	40645	60	46137	10	41658	40	47308	15	42061	60	47774	35
29 = 39/60	41360	80	46964	05	41567	20	47202	70	42608	80	48407	05	43026	40	48889	90
30 = 40/60	42282	40	48029	65	42493	60	48273	85	43559	20	49505	95	43986	40	49999	90
31 = 81/120	42738	40	48556	90	42954	40	48806	65	44034	40	50055	40	44466	40	50554	90
32 = 82/120	43199	20	49089	70	43420	—	49345	—	44514	40	50610	40	44951	20	51115	45
33 = 83/120	43660	—	49622	50	43880	80	49877	80	44989	60	51159	85	45431	20	51670	45
34 = 84/120	44120	80	50155	30	44341	60	50410	60	45464	80	51709	30	45911	20	52225	45
35 = 85/120	44581	60	50688	10	44807	20	50948	95	45940	—	52258	75	46391	20	52780	45
36 = 86/120	45037	60	51215	35	45268	—	51481	75	46415	20	52808	20	46876	—	53341	—
37 = 87/120	45498	40	51748	15	45728	80	52014	55	46890	40	53357	65	47356	—	53896	—
38 = 88/120	45959	20	52280	95	46194	40	52552	90	47365	60	53907	10	47836	—	54451	—
39 = 89/120	46420	—	52813	75	46655	20	53085	70	47840	80	54456	55	48316	—	55006	—
40 = 90/120	46876	—	53341	—	47116	—	53618	50	48316	—	55006	—	48796	—	55561	—
Für Witwen	30334	—	34644	—	30494	—	34829	—	31294	—	35754	—	31614	—	36124	—

Für Ruhegehaltsempfänger: volle Dienstjahre	Jahresbetrag des Versorgungszuschlags zum Ruhegehalt und zum Witwengeld bei einem Ausgleichszuschlag von 160 v. H. (für Juli 1922) und von 185 v. H. (vom 1. August 1922 an) vom ruhegehaltsfähigen Diensteinkommen unter Berücksichtigung des Sonderzuschlags von 5500 M und einem Grundgehalt von .... M															
	32 000				33 000				34 000				34 500			
	für Juli 1922		v. 1. August 1922 an		für Juli 1922		v. 1. August 1922 an		für Juli 1922		v. 1. August 1922 an		für Juli 1922		v. 1. August 1922 an	
	M	Pf	M	Pf	M	Pf	M	Pf	M	Pf	M	Pf	M	Pf	M	Pf
10 = 20/60	32094	—	36679	—	32894	—	37604	—	33694	—	38529	—	34094	—	38991	50
11 = 21/60	32094	—	36679	—	32894	—	37604	—	33694	—	38529	—	34094	—	38991	50
12 = 22/60	32094	—	36679	—	32894	—	37604	—	33694	—	38529	—	34094	—	38991	50
13 = 23/60	32094	—	36679	—	32894	—	37604	—	33694	—	38529	—	34094	—	38991	50
14 = 24/60	32094	—	36679	—	32894	—	37604	—	33694	—	38529	—	34094	—	38991	50
15 = 25/60	32094	—	36679	—	32894	—	37604	—	33694	—	38529	—	34094	—	38991	50
16 = 26/60	32094	—	36679	—	32894	—	37604	—	33694	—	38529	—	34094	—	38991	50
17 = 27/60	32094	—	36679	—	32894	—	37604	—	33694	—	38529	—	34094	—	38991	50
18 = 28/60	32888	80	37168	30	33637	60	38034	10	34381	60	38894	35	34756	—	39327	25
19 = 29/60	33868	—	38300	50	34640	80	39194	05	35413	60	40087	60	35802	40	40537	15
20 = 30/60	34847	20	39432	70	35644	—	40354	—	36445	60	41280	85	36844	—	41741	50
21 = 31/60	35826	40	40564	90	36652	—	41519	50	37477	60	42474	10	37890	40	42951	40
22 = 32/60	36800	80	41691	55	37655	20	42679	45	38509	60	43667	35	38936	80	44161	30
23 = 33/60	37780	—	42823	75	38658	40	43839	40	39541	60	44860	60	39978	40	45365	65
24 = 34/60	38759	20	43955	95	39666	40	45004	90	40573	60	46053	85	41024	80	46575	55
25 = 35/60	39738	40	45088	15	40669	60	46164	85	41605	60	47247	10	42071	20	47785	45
26 = 36/60	40712	80	46214	80	41672	80	47324	80	42632	80	48434	80	43112	80	48989	80
27 = 37/60	41692	—	47347	—	42680	80	48490	30	43664	80	49628	05	44159	20	50199	70
28 = 38/60	42671	20	48479	20	43684	—	49650	25	44696	80	50821	30	45205	60	51409	60
29 = 39/60	43650	40	49611	40	44687	20	50810	20	45728	80	52014	55	46247	20	52613	95
30 = 40/60	44629	60	50743	60	45695	20	51975	70	46760	80	53207	80	47293	60	53823	85
31 = 81/120	45114	40	51304	15	46194	40	52552	90	47274	40	53801	65	47816	80	54428	80
32 = 82/120	45604	—	51870	25	46698	40	53135	65	47792	80	54401	05	48340	—	55033	75
33 = 83/120	46093	60	52436	35	47202	40	53718	40	48306	40	54994	90	48863	20	55638	70
34 = 84/120	46583	20	53002	45	47701	60	54295	60	48824	80	55594	30	49381	60	56238	10
35 = 85/120	47072	80	53568	55	48205	60	54878	35	49338	40	56188	15	49904	80	56843	05
36 = 86/120	47562	40	54134	65	48709	60	55461	10	49856	80	56787	55	50428	—	57448	—
37 = 87/120	48052	—	54700	75	49208	80	56038	30	50370	40	57381	40	50951	20	58052	95
38 = 88/120	48541	60	55266	85	49712	80	56621	05	50888	80	57980	80	51474	40	58657	90
39 = 89/120	49031	20	55832	95	50216	80	57203	80	51402	40	58574	65	51997	60	59262	85
40 = 90/120	49516	—	56393	50	50716	—	57781	—	51916	—	59168	50	52516	—	59862	25
Für Witwen	32094	—	36679	—	32894	—	37604	—	33694	—	38529	—	34094	—	38991	50

Für Ruhegehaltsempfänger: volle Dienstjahre.	Jahresbetrag des Versorgungszuschlags zum Ruhegehalt und zum Witwengeld bei einem Ausgleichszuschlag von 160 v. H. (für Juli 1922) und von 185 v. H. (vom 1. August 1922 an) vom ruhegehaltsfähigen Diensteinkommen unter Berücksichtigung des Sonderzuschlages von 5500 ℳ und einem Grundgehalt von .... ℳ															
	36 000				37 000				38 000				39 500			
	für Juli 1922		v. 1. August 1922 an		für Juli 1922		v. 1. August 1922 an		für Juli 1922		v. 1. August 1922 an		für Juli 1922		v. 1. August 1922 an	
	ℳ	₰	ℳ	₰	ℳ	₰	ℳ	₰	ℳ	₰	ℳ	₰	ℳ	₰	ℳ	₰
10 = 20/60	35294	—	40379	—	36094	—	41304	—	36894	—	42229	—	38094	—	43616	50
11 = 21/60	35294	—	40379	—	36094	—	41304	—	36894	—	42229	—	38094	—	43616	50
12 = 22/60	35294	—	40379	—	36094	—	41304	—	36894	—	42229	—	38094	—	43616	50
13 = 23/60	35294	—	40379	—	36094	—	41304	—	36894	—	42229	—	38094	—	43616	50
14 = 24/60	35294	—	40379	—	36094	—	41304	—	36894	—	42229	—	38094	—	43616	50
15 = 25/60	35294	—	40379	—	36094	—	41304	—	36894	—	42229	—	38094	—	43616	50
16 = 26/60	35294	—	40379	—	36094	—	41304	—	36894	—	42229	—	38094	—	43616	50
17 = 27/60	35294	—	40379	—	36094	—	41304	—	36894	—	42229	—	38094	—	43616	50
18 = 28/60	35874	40	40620	40	36623	20	41486	20	37372	—	42352	—	38490	40	43645	15
19 = 29/60	36959	20	41874	70	37736	80	42773	80	38509	60	43667	35	39671	20	45010	45
20 = 30/60	38044	—	43129	—	38845	60	44055	85	39647	20	44982	70	40847	20	46370	20
21 = 31/60	39128	80	44383	30	39959	20	45343	45	40784	80	46298	05	42023	20	47729	95
22 = 32/60	40213	60	45637	60	41068	—	46625	50	41922	40	47613	40	43204	—	49095	25
23 = 33/60	41298	40	46891	90	42181	60	47913	10	43060	—	48928	75	44380	—	50455	—
24 = 34/60	42383	20	48146	20	43290	40	49195	15	44197	60	50244	10	45560	80	51820	30
25 = 35/60	43468	—	49400	50	44404	—	50482	75	45335	20	51559	45	46736	80	53180	05
26 = 36/60	44552	80	50654	80	45512	80	51764	80	46472	80	52874	80	47912	80	54539	80
27 = 37/60	45637	60	51909	10	46626	40	53052	40	47615	20	54195	70	49093	60	55905	10
28 = 38/60	46722	40	53163	40	47740	—	54340	—	48752	80	55511	05	50269	60	57264	85
29 = 39/60	47807	20	54417	70	48848	80	55622	05	49890	40	56826	40	51450	40	58630	15
30 = 40/60	48892	—	55672	—	49962	40	56909	65	51028	—	58141	75	52626	40	59989	90
31 = 81/120	49434	40	56299	15	50514	40	57547	90	51594	40	58796	65	53216	80	60672	55
32 = 82/120	49976	80	56926	30	51071	20	58191	70	52165	60	59457	10	53807	20	61355	20
33 = 83/120	50519	20	57553	45	51628	—	58835	50	52736	80	60117	55	54392	80	62032	30
34 = 84/120	51061	60	58180	60	52184	80	59479	30	53303	20	60772	45	54983	20	62714	95
35 = 85/120	51604	—	58807	75	52741	60	60123	10	53874	40	61432	90	55573	60	63397	60
36 = 86/120	52146	40	59434	90	53293	60	60761	35	54440	80	62087	80	56164	—	64080	25
37 = 87/120	52688	80	60062	05	53850	40	61405	15	55012	—	62748	25	56749	60	64757	35
38 = 88/120	53231	20	60689	20	54407	20	62048	95	55578	40	63403	15	57340	—	65440	—
39 = 89/120	53773	60	61316	35	54964	—	62692	75	56149	60	64063	60	57930	40	66122	65
40 = 90/120	54316	—	61943	50	55516	—	63331	—	56716	—	64718	50	58516	—	66799	75
Für Witwen	35294	—	40379	—	36094	—	41304	—	36894	—	42229	—	38094	—	43616	50

Für Ruhegehaltsempfänger: volle Dienstjahre	Jahresbetrag des Versorgungszuschlags zum Ruhegehalt und zum Witwengeld bei einem Ausgleichszuschlag von 160 v. H. (für Juli 1922) und von 185 v. H. (vom 1. August 1922 an) vom ruhegehaltsfähigen Diensteinkommen unter Berücksichtigung des Sonderzuschlags von 5500 ℳ und einem Grundgehalt von .... ℳ.															
	40 000				42 000				44 000				46 000			
	für Juli 1922		v. 1. August 1922 an		für Juli 1922		v. 1. August 1922 an		für Juli 1922		v. 1. August 1922 an		für Juli 1922		v. 1. August 1922 an	
	ℳ	₰	ℳ	₰	ℳ	₰	ℳ	₰	ℳ	₰	ℳ	₰	ℳ	₰	ℳ	₰
10 = 20/60	38494	—	44079	—	40510	—	46410	—	42110	—	48260	—	43710	—	50110	—
11 = 21/60	38494	—	44079	—	40510	—	46410	—	42110	—	48260	—	43710	—	50110	—
12 = 22/60	38494	—	44079	—	40510	—	46410	—	42110	—	48260	—	43710	—	50110	—
13 = 23/60	38494	—	44079	—	40510	—	46410	—	42110	—	48260	—	43710	—	50110	—
14 = 24/60	38494	—	44079	—	40510	—	46410	—	42110	—	48260	—	43710	—	50110	—
15 = 25/60	38494	—	44079	—	40510	—	46410	—	42110	—	48260	—	43710	—	50110	—
16 = 26/60	38494	—	44079	—	40510	—	46410	—	42110	—	48260	—	43710	—	50110	—
17 = 27/60	38494	—	44079	—	40510	—	46410	—	42110	—	48260	—	43710	—	50110	—
18 = 28/60	38864	80	44079	—	40746	40	46410	—	42239	20	48260	—	43732	—	50110	—
19 = 29/60	40055	20	45454	45	42004	—	47707	75	43549	60	49494	85	45095	20	51281	95
20 = 30/60	41245	60	46830	85	43261	60	49161	85	44860	—	51010	—	46463	20	52863	70
21 = 31/60	42436	—	48207	25	44519	20	50615	95	46175	20	52530	70	47826	40	54439	90
22 = 32/60	43631	20	49589	20	45781	60	52075	60	47485	60	54045	85	49194	40	56021	65
23 = 33/60	44821	60	50965	60	47039	20	53529	70	48796	—	55561	—	50557	60	57597	85
24 = 34/60	46012	—	52342	—	48296	80	54983	80	50111	20	57081	70	51925	60	59179	60
25 = 35/60	47202	40	53718	40	49554	40	56437	90	51421	60	58596	85	53288	80	60755	80
26 = 36/60	48392	80	55094	80	50812	—	57892	—	52732	—	60112	—	54652	—	62332	—
27 = 37/60	49588	—	56476	75	52074	40	59351	65	54047	20	61632	70	56020	—	63913	75
28 = 38/60	50778	40	57853	15	53332	—	60805	75	55357	60	63147	85	57383	20	65489	95
29 = 39/60	51968	80	59229	55	54589	60	62259	85	56668	—	64663	—	58751	20	67071	70
30 = 40/60	53159	20	60605	95	55847	20	63713	95	57983	20	66183	70	60114	40	68647	90
31 = 81/120	53754	40	61294	15	56476	—	64441	—	58636	—	66938	50	60796	—	69436	—
32 = 82/120	54354	40	61987	90	57109	60	65173	60	59293	60	67698	85	61482	40	70229	65
33 = 83/120	54949	60	62676	10	57738	40	65900	65	59951	20	68459	20	62164	—	71017	75
34 = 84/120	55544	80	63364	30	58367	20	66627	70	60604	—	69214	—	62845	60	71805	85
35 = 85/120	56140	—	64052	50	58996	—	67354	75	61261	60	69974	35	63527	20	72593	95
36 = 86/120	56735	20	64740	70	59624	80	68081	80	61919	20	70734	70	64213	60	73387	60
37 = 87/120	57330	40	65428	90	60253	60	68808	85	62572	—	71489	50	64895	20	74175	70
38 = 88/120	57925	60	66117	10	60882	40	69535	90	63229	60	72249	85	65576	80	74963	80
39 = 89/120	58520	80	66805	30	61511	20	70262	95	63887	20	73010	20	66258	40	75751	90
40 = 90/120	59116	—	67493	50	62140	—	70990	—	64540	—	73765	—	66940	—	76540	—
Für Witwen	38494	—	44079	—	40510	—	46410	—	42110	—	48260	—	43710	—	50110	—

Für Ruhegehaltsempfänger: volle Dienstjahre	Jahresbetrag des Versorgungszuschlags zum Ruhegehalt und zum Witwengeld bei einem Ausgleichszuschlag von 160 v. H. (für Juli 1922) und von 185 v. H. (vom 1 August 1922 an) vom ruhegehaltsfähigen Diensteinkommen unter Berücksichtigung des Sonderzuschlages von 5500 ℳ und einem Grundgehalt von .... ℳ															
	48000				51000				53000				54000			
	für Juli 1922		v. 1. August 1922 an		für Juli 1922		v. 1. August 1922 an		für Juli 1922		v. 1. August 1922 an		für Juli 1922		v. 1. August 1922 an	
	ℳ	₰	ℳ	₰	ℳ	₰	ℳ	₰	ℳ	₰	ℳ	₰	ℳ	₰	ℳ	₰
10 = 20/60	45310	—	51960	—	47710	—	54735	—	49310	—	56585	—	50110	—	57510	—
11 = 21/60	45310	—	51960	—	47710	—	54735	—	49310	—	56585	—	50110	—	57510	—
12 = 22/60	45310	—	51960	—	47710	—	54735	—	49310	—	56585	—	50110	—	57510	—
13 = 23/60	45310	—	51960	—	47710	—	54735	—	49310	—	56585	—	50110	—	57510	—
14 = 24/60	45310	—	51960	—	47710	—	54735	—	49310	—	56585	—	50110	—	57510	—
15 = 25/60	45310	—	51960	—	47710	—	54735	—	49310	—	56585	—	50110	—	57510	—
16 = 26/60	45310	—	51960	—	47710	—	54735	—	49310	—	56585	—	50110	—	57510	—
17 = 27/60	45310	—	51960	—	47710	—	54735	—	49310	—	56585	—	50110	—	57510	—
18 = 28/60	45310	—	51960	—	47710	—	54735	—	49310	—	56585	—	50110	—	57510	—
19 = 29/60	46645	60	53074	60	48964	—	55755	25	50509	60	57542	35	51282	40	58435	90
20 = 30/60	48061	60	54711	85	50461	60	57486	85	52060	—	59335	—	52861	60	60261	85
21 = 31/60	49482	40	56354	65	51959	20	59218	45	53615	20	61133	20	54440	80	62087	80
22 = 32/60	50898	40	57991	90	53461	60	60955	60	55165	60	62925	85	56020	—	63913	75
23 = 33/60	52319	20	59634	70	54959	20	62687	20	56716	—	64718	50	57599	20	65739	70
24 = 34/60	53735	20	61271	95	56456	80	64418	80	58271	20	66516	70	59178	40	67565	65
25 = 35/60	55156	—	62914	75	57954	40	66150	40	59821	60	68309	35	60757	60	69391	60
26 = 36/60	56572	—	64552	—	59452	—	67882	—	61372	—	70102	—	62332	—	71212	—
27 = 37/60	57992	80	66194	80	60954	40	69619	15	62927	20	71900	20	63911	20	73037	95
28 = 38/60	59413	60	67837	60	62452	—	71350	75	64477	60	73692	85	65490	40	74863	90
29 = 39/60	60829	60	69474	85	63949	60	73082	35	66028	—	75485	50	67069	60	76689	85
30 = 40/60	62250	40	71117	65	65447	20	74813	95	67583	20	77283	70	68648	80	78515	80
31 = 81/120	62956	—	71933	50	66196	—	75679	75	68356	—	78177	25	69436	—	79426	—
32 = 82/120	63666	40	72754	90	66949	60	76551	10	69133	60	79076	35	70228	—	80341	75
33 = 83/120	64376	80	73576	30	67698	40	77416	90	69911	20	79975	45	71015	20	81251	95
34 = 84/120	65087	20	74397	70	68447	20	78282	70	70684	—	80869	—	71807	20	82167	70
35 = 85/120	65797	60	75219	10	69196	—	79148	50	71461	60	81768	10	72594	40	83077	90
36 = 86/120	66503	20	76034	95	69944	80	80014	30	72239	20	82667	20	73386	40	83993	65
37 = 87/120	67213	60	76856	35	70693	60	80880	10	73012	—	83560	75	74173	60	84903	85
38 = 88/120	67924	—	77677	75	71442	40	81745	90	73789	60	84459	85	74965	60	85819	60
39 = 89/120	68634	40	78499	15	72191	20	82611	70	74567	20	85358	95	75752	80	86729	80
40 = 90/120	69340	—	79315	—	72940	—	83477	50	75340	—	86252	50	76540	—	87640	—
Für Witwen	45310	—	51960	—	47710	—	54735	—	49310	—	56585	—	50110	—	57510	—

Für Ruhegehaltsempfänger: volle Dienstjahre	Jahresbetrag des Versorgungszuschlags zum Ruhegehalt und zum Witwengeld bei einem Ausgleichszuschlag von 160 v. H. (für Juli 1922) und von 185 v. H. (vom 1. August 1922 an) vom ruhegehaltsfähigen Diensteinkommen unter Berücksichtigung des Sonderzuschlags von 5500 ℳ) und einem Grundgehalt von .... ℳ															
	57 000				60 000				67 000				74 000			
	für Juli 1922		v. 1. August 1922 an		für Juli 1922		v. 1. August 1922 an		für Juli 1922		v. 1. August 1922 an		für Juli 1922		v. 1. August 1922 an	
	ℳ	₰	ℳ	₰	ℳ	₰	ℳ	₰	ℳ	₰	ℳ	₰	ℳ	₰	ℳ	₰
10 = 20/60	52510	—	60285	—	54910	—	63060	—	60510	—	69535	—	66110	—	76010	—
11 = 21/60	52510	—	60285	—	54910	—	63060	—	60510	—	69535	—	66110	—	76010	—
12 = 22/60	52510	—	60285	—	54910	—	63060	—	60510	—	69535	—	66110	—	76010	—
13 = 23/60	52510	—	60285	—	54910	—	63060	—	60510	—	69535	—	66110	—	76010	—
14 = 24/60	52510	—	60285	—	54910	—	63060	—	60510	—	69535	—	66110	—	76010	—
15 = 25/60	52510	—	60285	—	54910	—	63060	—	60510	—	69535	—	66110	—	76010	—
16 = 26/60	52510	—	60285	—	54910	—	63060	—	60510	—	69535	—	66110	—	76010	—
17 = 27/60	52510	—	60285	—	54910	—	63060	—	60510	—	69535	—	66110	—	76010	—
18 = 28/60	52510	—	60285	—	54910	—	63060	—	60510	—	69535	—	66110	—	76010	—
19 = 29/60	53605	60	61122	10	55924	—	63802	75	61338	40	70063	15	66748	—	76318	—
20 = 30/60	55261	60	63036	85	57661	60	65811	85	63263	20	72288	70	68860	—	78760	—
21 = 31/60	56922	40	64957	15	59399	20	67820	95	65188	—	74514	25	70972	—	81202	—
22 = 32/60	58578	40	66871	90	61141	60	69835	60	67112	80	76739	80	73084	—	83644	—
23 = 33/60	60239	20	68792	20	62879	20	71844	70	69037	60	78965	35	75196	—	86086	—
24 = 34/60	61895	20	70706	95	64616	80	73853	80	70962	40	81190	90	77308	—	88528	—
25 = 35/60	63556	—	72627	25	66354	40	75862	90	72887	20	83416	45	79420	—	90970	—
26 = 36/60	65212	—	74542	—	68092	—	77872	—	74812	—	85642	—	81532	—	93412	—
27 = 37/60	66872	80	76462	30	69834	40	79886	65	76741	60	87873	10	83644	—	95854	—
28 = 38/60	68533	60	78382	60	71572	—	81895	75	78666	40	90098	65	85756	—	98296	—
29 = 39/60	70189	60	80297	35	73309	60	83904	85	80591	20	92324	20	87868	—	100738	—
30 = 40/60	71850	40	82217	65	75047	20	85913	95	82516	—	94549	75	89980	—	103180	—
31 = 81/120	72676	—	83172	25	75916	—	86918	50	83476	—	95659	75	91036	—	104401	—
32 = 82/120	73506	40	84132	40	76789	60	87928	60	84440	80	96775	30	92092	—	105622	—
33 = 68/120	74336	80	85092	55	77658	40	88933	15	85405	60	97890	85	93148	—	106843	—
34 = 84/120	75167	20	86052	70	78527	20	89937	70	86365	60	99000	85	94204	—	108064	—
35 = 85/120	75997	60	87012	85	79396	—	90942	25	87330	40	100116	40	95260	—	109285	—
36 = 86/120	76823	20	87967	45	80264	80	91946	80	88290	40	101226	40	96316	—	110506	—
37 = 87/120	77653	60	88927	60	81133	60	92951	35	89255	20	102341	95	97372	—	111727	—
38 = 88/120	78484	—	89887	75	82002	40	93955	90	90215	20	103451	95	98428	—	112948	—
39 = 89/120	79314	40	90847	90	82871	20	94960	45	91180	—	104567	50	99484	—	114169	—
40 = 90/120	80140	—	91802	50	83740	—	95965	—	92140	—	105677	50	100540	—	115390	—
Für Witwen	52510	—	60285	—	54910	—	63060	—	60510	—	69535	—	66110	—	76010	—

Jahresbetrag des Versorgungszuschlags zum Ruhegehalt und zum Witwengeld bei einem Ausgleichszuschlag von 160 v. H. (für Juli 1922) und von 185 v. H. (vom 1. August 1922 an) vom ruhegehaltsfähigen Diensteinkommen unter Berücksichtigung des Sonderzuschlags von 5500 ℳ und einem Grundgehalt von ...... ℳ

Für Ruhegehaltsempfänger: volle Dienstjahre	80 000				90 000				105 000				110 000			
	für Juli 1922		v. 1. August 1922 an		für Juli 1922		v. 1. August 1922 an		für Juli 1922		v. 1. August 1922 an		für Juli 1922		v. 1. August 1922 an	
	ℳ	₰	ℳ	₰	ℳ	₰	ℳ	₰	ℳ	₰	ℳ	₰	ℳ	₰	ℳ	₰
10 = 20/60	70910	—	81560	—	78910	—	90810	—	90910	—	104685	—	94910	—	109310	—
11 = 21/60	70910	—	81560	—	78910	—	90810	—	90910	—	104685	—	94910	—	109310	—
12 = 22/60	70910	—	81560	—	78910	—	90810	—	90910	—	104685	—	94910	—	109310	—
13 = 23/60	70910	—	81560	—	78910	—	90810	—	90910	—	104685	—	94910	—	109310	—
14 = 24/60	70910	—	81560	—	78910	—	90810	—	90910	—	104685	—	94910	—	109310	—
15 = 25/60	70910	—	81560	—	78910	—	90810	—	90910	—	104685	—	94910	—	109310	—
16 = 26/60	70910	—	81560	—	78910	—	90810	—	90910	—	104685	—	94910	—	109310	—
17 = 27/60	70910	—	81560	—	78910	—	90810	—	90910	—	104685	—	94910	—	109310	—
18 = 28/60	70910	—	81560	—	78910	—	90810	—	90910	—	104685	—	94910	—	109310	—
19 = 29/60	71389	60	81684	85	79122	40	90810	—	90910	—	104685	—	94910	—	109310	—
20 = 30/60	73660	—	84310	—	81661	60	93561	85	93661	60	107436	85	97660	—	112060	—
21 = 31/60	75935	20	86940	70	84200	80	96497	80	96599	20	110833	45	100732	—	115612	—
22 = 32/60	78205	60	89565	85	86740	—	99433	75	99541	60	114235	60	103804	—	119164	—
23 = 33/60	80476	—	92191	—	89279	20	102369	70	102479	20	117632	20	106876	—	122716	—
24 = 34/60	82751	20	94821	70	91818	40	105305	65	105416	80	121028	80	109948	—	126268	—
25 = 35/60	85021	60	97446	85	94357	60	108241	60	108354	40	124425	40	113020	—	129820	—
26 = 36/60	87292	—	100072	—	96892	—	111172	—	111292	—	127822	—	116092	—	133372	—
27 = 37/60	89567	20	102702	70	99431	20	114107	95	114234	40	131224	15	119164	—	136924	—
28 = 38/60	91837	60	105327	85	101970	40	117043	90	117172	—	134620	75	122236	—	140476	—
29 = 39/60	94108	—	107953	—	104509	60	119979	85	120109	60	138017	35	125308	—	144028	—
30 = 40/60	96383	20	110583	70	107048	80	122915	80	123047	20	141413	95	128380	—	147580	—
31 = 81/120	97516	—	111893	50	108316	—	124381	—	124516	—	143112	25	129916	—	149356	—
32 = 82/120	98653	60	113208	85	109588	—	125851	75	125989	60	144816	10	131452	—	151132	—
33 = 83/120	99791	20	114524	20	110855	20	127316	95	127458	40	146514	40	132988	—	152908	—
34 = 84/120	100924	—	115834	—	112127	20	128787	70	128927	20	148212	70	134524	—	154684	—
35 = 85/120	102061	60	117149	35	113394	40	130252	90	130396	—	149911	—	136060	—	156460	—
36 = 86/120	103199	20	118464	70	114666	40	131723	65	131864	80	151609	30	137596	—	158236	—
37 = 87/120	104332	—	119774	50	115933	60	133188	85	133333	60	153307	60	139132	—	160012	—
38 = 88/120	105469	60	121089	85	117205	60	134659	60	134802	40	155005	90	140668	—	161788	—
39 = 89/120	106607	20	122405	20	118472	80	136124	80	136271	20	156704	20	142204	—	163564	—
40 = 90/120	107740	—	123715	—	119740	—	137590	—	137740	—	158402	50	143740	—	165340	—
Für Witwen	70910	—	81560	—	78910	—	90810	—	90910	—	104685	—	94910	—	109310	—

FSC
www.fsc.org
MIX
Papier | Fördert gute Waldnutzung
FSC® C083411

Kolibri 360 GmbH
Ferdinand-Jühlke-Straße 7
99095 Erfurt, Deutschland
produktsicherheit@kolibri360.de